LA SCRIPT-GIRL

COLLECTION ECRITS/ECRANS DIRIGEE PAR CLAUDE GAUTEUR

DANS LA MÊME COLLECTION

La Direction de production par Marc Goldstaub
Préface de René Bonnell

L'Assistant réalisateur par Valérie Othnin-Girard
Préface de Bernard Stora

ISBN 2-907114-04-2
ISSN 0991-6296
© FEMIS 1989

SYLVETTE BAUDROT

Isabel Salvini

LA SCRIPT-GIRL

CINEMA / VIDEO

FONDATION EUROPÉENNE DES MÉTIERS DE L'IMAGE ET DU SON

Le chapitre : La scripte-vidéo *a été rédigé par Isabel Salvini.*
Les croquis et les photos ont été exécutés par des étudiants de la FEMIS
sous la direction de Sylvette Baudrot.

Mise en page : Alain Desnier,

Croquis : Babek Aliassa

Photos : Annette Dutertre

: Jean-René Duveau

SOMMAIRE

A Jeanne Witta qui m'a mise dans le métier,
A Suzanne Bon qui m'a formée,
A tous les réalisateurs qui m'ont trans-formée,
Aux Boréal qui m'ont bien aidée,
A Pierre, mon mari, qui m'a supportée,
A mes enfants à qui j'ai souvent manqué,
A toutes les filles qui rêvent d'être scriptes.

Au temps du muet, aux États-Unis, quelques grands metteurs en scène faisaient venir leurs secrétaires sur le lieu du tournage aussi bien pour leur dicter le courrier que pour leur indiquer les rendez-vous à décommander ou les idées de scène pour le lendemain ; elles devaient surtout noter tout ce qui se passait afin d'en faire ensuite un compte-rendu précis au monteur du film et prendre parfois en sténo le texte dit par les acteurs, qui servirait à rédiger les "cartons".

HISTORIQUE

Quand le parlant a débuté vers 1929-1930 en France, les metteurs en scène appelaient sur le plateau une secrétaire des bureaux de production pour qu'elle note en sténo les changements de dialogue tout en surveillant les nombreux éléments de raccord, texte plus jeu. Souvent, par la suite, le metteur en scène exigeait comme secrétaire sur le plateau celle qui avait travaillé avec le scénariste, pris en sténo toute la préparation littéraire, tapé la continuité dialoguée et le découpage : ayant participé à toutes les étapes de la création, elle seule pouvait lui rappeler ses intentions premières en cas d'oubli sur le tournage.

C'est pourquoi une telle secrétaire s'est d'abord appelée en France "secrétaire du metteur en scène", puis "secrétaire de plateau" — en Allemagne : *Bühnensekretarin*, aux États-Unis *script-clerk*. Maintenant, les Français disent (la) *scripte*, alors que les Américains disent *script-supervisor* (d'où la traduction littérale des génériques de films américains : superviseur de script), les Anglais *continuity-girl* et les Italiens *segretaria di edizione*, c'est-à-dire "secrétaire du montage".

En France, donc, la tradition a voulu que les secrétaires de bureaux de production deviennent scriptes. Mais il y a évidemment des exceptions qui confirment cette règle. Dans les pays où la femme n'a pas acquis son émancipation, en Égypte par exemple, ce sont des hommes qui sont script-boys ; de même au Mexique, où tout assistant metteur en scène est obligé de passer par la fonction de script-boy pour gagner ses galons de futur metteur en scène. C'est aux États-Unis, où est né le western, que l'on a eu pour la première fois l'idée d'emmener des script-boys en seconde équipe pour des tournages aux conditions pénibles et sans confort dans les régions désertiques. Robert Aldrich et Fred Zinnemann ont commencé comme *script-clerks*. Quand on a voulu tourner sur des bateaux de guerre ou dans des sous-marins, là où les femmes n'étaient pas admises, on a fait appel à un assistant qui est devenu notre meilleur script-boy (Patrick Aubrée), et qui, espérons-le, en formera d'autres. En attendant, je le prie de bien vouloir m'excuser si je parle au féminin pour expliquer notre métier.

DÉFINITION ET RÔLE

Il ne faut pas confondre le *scribe* (écrivain public), le *script* (scénario), et le *script-boy* ou la *script-girl*, qui n'a pas la responsabilité de l'écriture du sujet mais de sa bonne continuité, les séquences d'un film n'étant pas tournées dans l'ordre où elles apparaissent à l'écran. Mais voyons un peu les définitions usuelles. Nous lisons dans le

Robert (1977). "SCRIPT-GIRL (n. f.). Auxiliaire du réalisateur et du directeur de production, qui est responsable de la continuité du film. Elliptiquement : La script." Le Larousse (1987) indique : "SCRIPTE (n. m. ou f.). Collaborateur du réalisateur d'un film ou d'une émission de télévision, qui note tous les détails relatifs à la prise de vues et qui est responsable de la continuité de la réalisation." Du Titre II des conventions collectives entre le syndicat des Producteurs et le syndicat des Techniciens en vigueur au C.N.C. (Centre national de la cinématographie), on retiendra de l'article 6 la qualification suivante : "La script-girl est l'auxiliaire du réalisateur et du directeur de production ; elle veille à la continuité du film et établit pour tout ce qui concerne le travail exécuté sur le plateau les rapports journaliers artistiques et administratifs."

On peut dire aussi — on le lit dans certains articles — que la scripte est la "mémoire ambulante du film", la "roue de secours", le "pense-bête du metteur en scène" et de toute l'équipe, le "fil d'Ariane" dans le labyrinthe qu'est un tournage, le "nœud de l'équipe", la "plaque d'aiguillage", le "bureau de renseignements", l'"oreille attentive du metteur en scène", son "image rétinienne", sa "mauvaise conscience", et, parfois aussi, la "sage-femme" qui l'aide à accoucher de son film.

De nos jours, les metteurs en scène, pour avoir une plus grande marge de manœuvre et plus de liberté dans leur improvisation créatrice, ne découpent plus leur script en plans mais en séquences ou têtes de chapitre ou épisodes (80 à 150 environ). Et c'est à la scripte de numéroter toutes les subdivisions à l'intérieur de chaque épisode au fur et à mesure du tournage afin que les monteurs puissent s'y retrouver quand il s'agira de mettre le film bout à bout (entre 450 et 900 numéros ou plans par film). C'est donc à elle qu'incombe la responsabilité de donner le "bon" numéro à inscrire sur le fameux "clap". Que le numéro soit "bon" suppose, d'une part, qu'on ne l'ait pas déjà attribué (deux négatifs portant le même numéro, cela pose des problèmes au montage) et, d'autre part, qu'il soit à sa place dans la suite des plans faits ou à faire. Par exemple, la séquence 50, scène 4, prise 1 s'inscrira 50/4/1 et s'annoncera "cinquante sur quatre première", ou "prise un". Ainsi il n'y aura pas de confusion et l'on pourra retrouver facilement à quelle séquence se rapporte telle ou telle scène, tel plan ou numéro[1].

Il existe des caméras avec clap électronique incorporé qui numérotent automatiquement les plans tournés 1, 2, 3, etc. Mais c'est à la scripte ensuite de signaler sur ses rapports que le clap 1 correspond réellement au plan 25 du scénario, que le clap 2 correspond au plan 26, que le clap 3 correspond au plan 50, etc. Pour le laboratoire ou la production, c'est un moyen sûr de ne pas égarer les plans tournés, mais pour la scripte et les monteurs c'est du travail supplémentaire.

QUALITÉS REQUISES

Avant de se décider pour le choix d'un métier, il est indispensable de savoir en quoi il consiste et quelles sont les compétences qu'il faut posséder pour l'exercer le mieux possible. Certaines des qualités requises sont innées, d'autres — heureusement — pourront être acquises grâce à l'expérience et, en certains cas, à quelques erreurs qui, selon la formule consacrée, serviront de leçon.

Bonne santé - capacités psychologiques

Avant tout, la scripte doit être en bonne forme physique. Son métier lui impose en effet de longues heures en station debout, parfois dans des conditions rudes. Même un tournage en studio, en vidéo TV, est éprouvant car il exige, au cours des mises en place, un per-

---

1. Au théâtre, une pièce se décompose en actes, tableaux et scènes. Au cinéma, un film se découpe en séquences, scènes et plans. Mais le mot *scène* dans le cinéma est plus élastique car il se rapporte tantôt aux plans, tantôt aux séquences.

pétuel va-et-vient entre le plateau et la régie[1], la plupart du temps reliés entre eux par un escalier qui ressemble plus à une échelle qu'aux marches de l'Opéra... Il faut être équilibrée ; avoir une bonne résistance physique et morale ; pouvoir écrire en voiture sans avoir mal au cœur, et n'avoir ni le mal de mer, ni le mal de l'air ; avoir un très bon estomac, manger de tout (les végétariennes sont souvent très malheureuses) ; ne pas être dyslexique, ni daltonienne, ni hypoglycémique, et ne pas avoir de cystite.

Les films se faisant de plus en plus en extérieurs, de nuit, de jour, en toute saison et par tous les temps, n'oubliez pas de mettre dans votre valise : un ciré, des bottes de caoutchouc, de grosses chaussettes, un gros pull, un bonnet de laine, un caban avec capuche, une écharpe, des gants, un maillot de laine, et même des caleçons longs. Croyez-moi, laissez tomber l'élégance, la taille fine, et tout espoir de faire des conquêtes, emmitouflée jusqu'au nez les jours de grand froid. Dites-vous bien que nous n'aurez jamais le temps d'aller vous réchauffer à l'intérieur d'un bistrot, ni d'aller aux toilettes, souvent inexistantes à plusieurs lieues à la ronde. On ne peut pas non plus s'offrir le luxe d'être malade, ou d'avoir la gueule de bois. J'allais oublier le plus important : ayez toujours avec vous un pliant pour ne pas rester des heures debout.

Il faut être aussi en forme psychologiquement, car chaque "participant" peut être confronté à un moment ou à un autre à une situation délicate ou inconfortable : une équipe, c'est un ensemble de personnes avec leur caractère, leur mode de vie, leurs réactions propres et la scripte est amenée à les côtoyer toutes. Elle devra donc savoir aborder artistes et techniciens avec assez de tact et cependant assez d'autorité pour faire respecter la continuité du tournage et le rythme de travail.

---

1. Ne pas confondre la régie TV (où se trouvent écrans et manettes TV) avec le bureau de la régie cinéma (où se trouvent la secrétaire de production et le régisseur).

Je le dis sans machiavélisme : elle ne doit jamais perdre de vue que si chacun a besoin d'elle, elle a besoin de tous.

Insistons enfin sur l'ouverture au monde et aux différentes générations, car il y a de fortes chances pour que vous commenciez votre carrière avec un réalisateur de l'âge de votre père, et que vous la finissiez avec un réalisateur de l'âge de votre fils.

Esprit d'équipe

La vie communautaire qu'entraîne le tournage est fort agréable à condition d'être en bons termes avec tout le monde et de se méfier comme de la peste des prises de parti, des clans et de tout ce qui peut faire scission dans une équipe. Dans le lot des petites phrases qui courent sur les plateaux, il en est une qui revient souvent : "On fait tous le même film." Comme elle est vraie ! Nous sommes tous là pour faire un produit et nous devons y mettre toute notre compétence mais aussi tout notre cœur.

Investissement personnel

L'investissement personnel est très grand dans ce métier, et il faut savoir, avant d'aborder son premier tournage, que chacun devra mettre de côté ses problèmes individuels. Ce n'est pas seulement une profession que l'on choisit, c'est aussi tout un mode de vie : il ne faut être avare ni de temps ni de disponibilité d'esprit. La vie privée peut quelquefois en pâtir. La scripte idéale n'a pas le loisir d'avoir des "états d'âme" ; au contraire, du premier au dernier jour de son travail, elle se montre d'humeur égale.

Culture générale

Un conseil en passant : si vous voulez faire ce métier, n'hésitez surtout pas à acquérir une bonne culture générale ; ce point (qui n'est pas un point de détail) rend des services immenses, en plus des joies qu'il procure. Lisez des livres — pas seulement des livres sur le cinéma —, apprenez des langues vivantes (surtout l'anglais, bien sûr), allez voir des films, écoutez de la musique, rendez-vous au théâtre, visitez des expositions... S'il vous reste encore du temps, vous pouvez toujours faire un peu de culture physique et apprendre la sténo-dactylographie.

Aptitude au calcul mental

La scripte doit savoir compter vite mentalement. Exercice 1 : Combien y a-t-il de secondes en 3'24" ? Exercice 2 : Combien y a-t-il de minutes dans 2 h 40 ?

Rapidité de pensée et d'exécution

Souvenez-vous que la scripte n'a jamais le temps d'hésiter. Une de ses qualités premières est la rapidité de pensée et d'exécution. Elle doit être sûre de ce qu'elle avance et, pendant un direct en TV, il lui est indispensable d'être prompte, claire et concise.

Clarté

La préparation requiert de la scripte une méthode de travail stricte, une présentation ordonnée, faute de quoi il lui sera impossible d'assurer son travail pendant l'enregistrement de l'émission et a fortiori pendant un direct.

Faculté d'anticipation et concentration

Comme me disait un de mes professeurs au lycée, un bon élève n'est pas celui qui suit le cours, c'est celui qui le précède. C'est vrai aussi pour la scripte, qui doit avoir cette faculté d'anticipation : savoir et prévoir. Et puis, bien sûr, un grand pouvoir de concentration. Pendant un direct, la moindre démobilisation de sa part peut faire manquer un plan et avoir des répercussions graves sur la suite du travail.

Ordre et précision

Est-il nécessaire d'insister sur le fait que la scripte fait un travail minutieux, qui exige ordre et précision... ?

Connaissance du montage

Le meilleur moyen d'aborder le métier de scripte et d'en posséder une réelle compréhension est certainement d'avoir une expérience de montage. C'est là, mieux qu'ailleurs, que l'on peut juger "sur pièces" des raccords qui sont bons, de ceux qui passeront et de ceux qui ne passeront jamais.

RESPONSABILITÉS

Comme vous avez déjà pu le noter, cette profession comporte un certain nombre de responsabilités.

Vis-à-vis de la production

La scripte doit rendre compte de la marche du tournage à la production ; c'est elle en effet qui tient à jour la comptabilité des bandes utilisées, des plans tournés, de la présence des comédiens, du minutage, etc. A la télévision, elle doit aussi remplir un certain nombre de formulaires que nous aurons l'occasion de voir de plus près dans la section suivante : je citerai juste pour mémoire les droits d'auteur, les postconducteurs. Pendant les directs, c'est à elle de surveiller le temps d'assez près pour savoir faire rendre l'antenne au moment voulu.

Vis-à-vis de la réalisation

Pendant une préparation, le réalisateur donne à sa scripte tous les ordres concernant le tournage ; à elle d'en prendre bonne note et d'être capable de restituer fidèlement ces consignes lors du direct ou de l'enregistrement.

Vis-à-vis des comédiens

Dans le cas d'un tournage de fiction à la télévision, la scripte se devra d'être attentive aux comédiens avant l'enregistrement (bien souvent elle leur fait répéter leur texte) ; quand les caméras tourneront, elle devra surveiller leur dialogue et, tout comme au cinéma, connaître les raccords qui les concernent (raccords vestimentaires, de mouvements, de regards, de jeu...).

Vis-à-vis du monteur

En salle de montage, on n'a pas le temps de tout visionner. Le monteur attend donc de la scripte des rapports précis, dont la lecture lui permette de découvrir les particularités de chaque prise.

Vis-à-vis de l'équipe

Là, nous retrouvons ces fameuses compétences psychologiques sur lesquelles j'ai déjà insisté. La scripte participe à l'entente et à l'ambiance générales tout en faisant respecter la continuité. Pendant un tournage, elle devra travailler en étroite collaboration avec le réalisateur, l'assistant réalisateur, le chef opérateur, l'ingénieur de la vision, l'ingénieur du son et son assistant, la costumière, l'habilleuse, la maquilleuse, la coiffeuse, le régisseur...

LES JOIES DU MÉTIER

Les premières difficultés surmontées — c'est-à-dire une fois la méthode de travail mise en place —, ce métier est vraiment passionnant ; et ce, pour des raisons qui pourront varier selon chaque individu, mais aussi grâce à un certain nombre de points que je vais tenter de dégager.

Rôle actif

La scripte est sans cesse en activité. Durant sa journée de travail, elle est sans arrêt "en train de..." ; en train de marcher, en train d'écrire, en train de réfléchir. Elle ne connaît pas un seul moment de répit... et c'est bien.

Participation proche de la réalisation (TV)

La scripte étant, à la télévision, le bras droit du réalisateur, tout ce qui concerne la mise en scène passe par elle. (La situation est différente au cinéma où au tournage tout passe d'abord par l'assistant réalisateur.) Elle peut ainsi prendre contact au fur et à mesure des tournages avec toutes les difficultés et tous les "trucs" de la réalisation. Au moment de l'enregistrement d'une émission, la scripte vidéo est au pupitre à côté du réalisateur — physiquement et mentalement.

Présence à toutes les étapes de fabrication d'un produit (TV)

Prenons l'exemple d'un réalisateur qui vous appelle parce qu'il doit enregistrer une pièce de théâtre : il va d'abord vous demander d'aller avec lui voir le spectacle plusieurs fois. Ensuite vous travaillerez avec lui sur le découpage, puis vous serez avec lui aux répétitions, et au tournage, bien entendu. Mais vous ne vous arrêterez pas en si bon chemin, vous irez aussi au montage et enfin au mixage. (Il arrive même que ce soit vous qui, à 18 heures, portiez la bande antenne à la chaîne commanditaire pour une diffusion le soir même.) Et c'est en cela que réside un des grands plaisirs de ce métier : être présente du début à la fin, avoir une part active à la conception, à la réalisation et aux finitions d'un projet. Et, comme si cela ne suffisait pas, quand la pièce de théâtre sera diffusée à la télévision vous la regarderez encore, un peu émue, un peu inquiète.

Diversité des émissions proposées

La scripte vidéo intervient dans les émissions de variétés, dans les débats, dans les retransmissions de théâtre ou de musique ; elle fait des fictions, des émissions purement de montage et d'autres encore, que nous dégagerons plus loin. Elle sera donc amenée au cours de sa carrière à côtoyer des milieux aussi différents que celui des chanteurs de rock et des P.-D.G. de grandes firmes industrielles ; il est préférable qu'elle aime le changement, car elle peut être appelée pour une activité de trois jours avec une troupe de comédiens et enchaîner immédiatement avec un travail d'un mois dans une salle de montage, où elle sera seule entre quatre murs avec un réalisateur et un monteur. Après ces deux contrats peut-être devra-t-elle partir plusieurs semaines en province, voire à l'étranger ; mieux vaut donc pour elle qu'elle apprécie les horizons nouveaux, qu'elle sache s'adapter aux lieux, aux situations, aux personnes : si c'est le cas, quel plaisir de ne pas faire tous les jours la même chose, de ne pas entendre sonner chaque matin de sa vie son réveil à la même heure, de ne pas voir pendant quarante ans les mêmes "collègues", de ne pas parler des mêmes choses avec les mêmes personnes.

Malheureusement chaque médaille, on le sait, a son revers. Je mettrai de côté les problèmes humains, amoureux ou familiaux que ce type de vie peut engendrer, mais j'évoquerai brièvement les limites de l'intérêt de ce travail : en effet, la scripte ne peut pas "créer" au sens vrai du terme ; elle sert plutôt la création des autres, et elle doit savoir rester dans l'ombre. Elle est au service du tournage et sa "participation à l'esthétique" dépend de ses rapports avec le metteur en scène : parfois, sur certains tournages, on ne fait appel à elle que lorsque quelque chose ne va pas ; si tout va bien, on l'oublie un peu, n'accordant à son rôle qu'une importance secondaire.

En résumé, voici les sept commandements de la scripte débutante :

1. Ne pas se laisser prendre par le jeu des acteurs et béer d'admiration devant eux au lieu de noter les changements de texte.

2. Ne pas être paresseuse et se dire : "Oh ! cela ne sert à rien de noter tel ou tel détail"...

3. Ne pas se fier uniquement au Polaroïd, mais prendre la peine de faire un croquis du décor et noter les couleurs exactes des cravates,

par exemple, le rendu des couleurs étant parfois trompeur sur la photo.

4. Ne pas formuler de critiques négatives si l'on n'a rien à apporter en échange, et le faire toujours avec tact et discrétion.

5. Ne pas avoir peur du ridicule : reposer la question pour être sûre d'avoir bien compris.

6. Ne pas se laisser distraire entre les plans par les bavards, ni passer trop de temps à se recoiffer après une rafale.

7. Ne pas être susceptible ni se vexer facilement.

Il y a trois voies d'accès à la profession : avoir fait quatre stages de scripte, avoir fait sept films comme secrétaire de production, ou avoir obtenu une dérogation du C.N.C.

1. Faire *quatre stages*, dont trois de scripte et un de montage dans des longs métrages ayant obtenu l'agrément (ou, à la place du stage montage un stage dans un laboratoire). Ces trois stages auprès de scriptes différentes sont indispensables ; en dehors des grands principes du métier développés plus loin, vous apprendrez avec chacune d'elles des "trucs" différents, que vous adapterez ensuite à la méthode de base.

Ces stages sont très difficiles à trouver. Autant les producteurs sont d'accord pour prendre des stagiaires à la mise en scène, à la régie, autant une stagiaire scripte n'est pas rentable (pourtant une bonne formation est un bon investissement), car elle fait perdre du temps à la scripte, ainsi transformée en "professeur". Un bon conseil : meublez vos temps d'attente en vous exerçant à la photo et la sténo, en apprenant à parler et à écrire couramment l'anglais (sachez que dans les films américains la scripte tape ses rapports).

2. Obtenir son C.I.P. après avoir fait *sept films comme secrétaire de production*, plus un stage de scripte sur un long métrage ayant obtenu l'agrément. En effet, une bonne secrétaire de production "possède" le film à fond bien avant la scripte, puisqu'elle a tapé le premier scénario, puis le découpage du réalisateur, le *dépouillement* décors, accessoires et acteurs du premier assistant, le dépouillement costumes de la costumière, les *contrats* des acteurs, des techniciens et des ouvriers — après discussion avec le directeur de production, évidemment. C'est elle aussi qui a photocopié le *plan de travail* établi par l'assistant et le directeur de production. C'est la secrétaire de production qui est le "pense-bête" du régisseur et du directeur de production ; qui leur rappelle le coup de fil à donner pour réserver une chambre d'hôtel ou la voiture à rendre. C'est elle aussi qui tape tous les soirs la *feuille de service* (ci-contre et page suivante), que lui donne l'assistant après vérification avec le régisseur pour la distribuer ensuite à l'équipe. C'est elle et le régisseur qui vérifient, avec le second opérateur, les comptes pellicule (ce que l'on consomme par jour et ce qui reste comme boîtes disponibles), d'après les *rapports laboratoire* que fait la scripte (voir "Connaissances"). Quant au total, reporté sur le *rapport production* (fait aussi par la scripte tous les soirs), la secrétaire le vérifie en le tapant en plusieurs exemplaires, qu'elle distribuera le lendemain matin aux divers producteurs. (Comparez les modèles français p. 24 et américain p. 73.)

C'est toujours la secrétaire de production qui tape le *rapport horaire* fait par la scripte, détaillant tout ce qui a été fait pendant la journée de tournage (voir page 25) ; en cas de sinistre, le directeur de production envoie un exemplaire de ce rapport aux assurances (le remboursement se calcule en fonction du temps mis à préparer, à répéter, à éclairer et à tourner ce plan). Ce rapport sert également si un acteur tombe malade pendant le tournage ou qu'un plan est accidenté au laboratoire.

MK2 PRODUCTIONS
6, rue de l'Ecole de Médecine
75006 PARIS
46 34 19 10

FEUILLE DE SERVICE DU VENDREDI 17 JANVIER 1986

PROJECTION : Vendredi 17 Janvier au studio de Boulogne
de 13 h 45 à 15 h 15

Film " MELO "

VENDREDI 17 JANVIER 1986

23ème jour de tournage

HORAIRE : 16 h - 24 h

Repas : de 20 h 30 à 21 h 30
"Chez Mireille" - 71, rue du
Poteau - 75018 Paris
42 52 25 50

LIEUX DE RENDEZ-VOUS ET DE TOURNAGE

1 - Café La Renaissance - 112, rue Championnet - 75018 PARIS
46 06 01 76

2 - 3-5, quai de Montebello - 75005 PARIS
Régie au Café-tabac Ile de France - 59, quai de la Tournelle
43 29 59 64

DECORS

1 - CAFE ET RUE

2 - BERGE DE LA SEINE

NUMEROS	RESUME	EFFET
Tableau 8 Page 125 à 128	Romaine écrit sa lettre d'adieu à Pierre et se perd dans la nuit	Nuit
Tableau 9 Page 128	Romaine marche le long des berges de la Seine. Elle descend l'escalier et disparaît à jamais.	Nuit

----------------------------- ------------------------------------

ACTRICE	ROLE	COSTUME	MAQUILLAGE	P.A.T.
Sabine AZEMA	Romaine	5 raccord	16 h 15	17 h 30

FIGURATION	4 consommateurs 1 serveur	16 h prévus	16 h 45	17 h 30

DECORATION

Café
- foncer la couleur de la façade
- changer la poignée de la porte d'entrée
- 3 tables
- ôter ou masquer enseigne de la boutique du fleuriste à côté du café
- poteau indicateur dans la rue
- changer les affiches du café

Berge
- rajouter un bec de gaz

ACCESSOIRES

Café
- verre de café Romaine, soucoupes avec prix de la consommation marqué
- buvard, encrier, papier à lettres, enveloppes porte-plume sergent-major
- jeu de cartes avec tapis de table
- timbres
- boissons des consommateurs : fine chartreuse et café
- pièces de monnaie

Berge
- fumigènes
- masquer pattes d'oiseau sur la rampe
- foncer la rampe

COSTUMES
- sac de Romaine avec porte-monnaie

MACHINISTES/
ELECTRICIENS
- sur place à 16 heures

HABILLAGE/
MAQUILLAGE
- au café La Renaissance

REGIE
- un vélo homme
- suppression des voitures du n° 112 au n° 104 de la rue Championnet
- Philippe va chercher la camionnette chez Cicar, prend les costumes de figuration chez Traonouez et revient pour 14 h au studio de Boulogne

STATIONNEMENT
- Prière de laisser les places les plus proches des lieux de tournage pour les camions techniques.

SERVICE PUBLIC
- 2 agents de police en place à 16 h au Café La Renaissance
- 2 agents de police en place à 21 h au quai Montebello

NOTE
- Philippe et Dominique seront sur le premier décor à partir de 15 heures

METEO
- il est prévu un temps assez nuageux. Pas trop de vent. Il ne devrait pas pleuvoir.

FILM : MELO

Journée du Vendredi 17 JANVIER 1986

Jour de tournage 23ème (fin de film)

STUDIOS ou EXTÉRIEUR	PLATEAUX	DÉCORS
1)CAFE DE LA RENAISSANCE 112 rue Cham pionnet Paris 18ème 2)3-5 QUAI MONTEBELLO PARIS 5ème	1)CAFE 2)BERGE SEINE	Nuit "

PLANS TOURNÉS N° ~~SEQUENCE 8(1) complète~~
" 9(1) "

SÉQUENCES TOTALITÉ DES ~~PLANS~~........11.		PLANS ~~SUPPLÉMENTAIRES~~ TOURNÉS	PLANS SUPPRIMÉS	PLANS REFAITS	MINUTAGE
Séquences ~~Plans~~ tournés ce jour....... 2	Aujourd'hui...	2		-	1'45"
Séquences ~~Plans~~ tournés précédemment. 9 11	Précédemment.	105		1	1h 42'50"
Il reste à tourner.......... 0 le Rideau de théatre	Totaux...	107		1	1h 4 4 min 35sec

	MÉTRAGES IMAGES			BOITES		MÉTRAGES SON		ESSAIS
	à développer	à tirer	utile	305m	122m	Repiquage	Bobines mères	boites/Mètr
Aujourd'hui............	1.520m	270m	48m	2	2	2		- | -
Précédemment.........	23.503m	14.030m	2.816m	75	12	139		2½ 650m
Totaux..........	24.023m	14.300m	2.864 m	77	14	141		2½ 650m

PHOTOS	EN NOIR			EN COULEUR			K. W.	Groupes électrogènes	Animaux
	9×12	Bobines	Portraits	9×12	Bobines	Portraits			
Aujourd'hui............									
Précédemment.........							8780	2 groupes	
Totaux..........									

TOURNAGE	PERSONNEL supplément[re]	ARTISTES convoqués non utilisés
Convoqué à.....16h.		
Début du travail...16h		
Terminé à.......3.15.am		
Heures supplément[re] 3h 15 de nuit 4h mixtes(entre 20h et minuit)	(car apres minuit et au-delà de 0h de travail)	

ARTISTES PRÉSENTS	PETITS ROLES présents	FIGURATION	DIVERS
Sabine Azema (20 cachets)		Hommes... 5 Femmes ... Enfants..... Total .... 5 DOUBLURES	1 camionnette 1 bicyclette

OBSERVATIONS

T. S. V. P. ——➤

— 24 —

16 h   : Mise en place du 1er plan: Devant le café de la renaissance

112, rue Championnet 18è

On tire les lignes électriques

Installation des projecteurs et placos.

17h 15 : Réglage lumière

Installation du décor : On ôte les éléments modernes du café

Nettoyage des vitres- Problème pour remonter les stores

(mécanisme rouillé)-

On enlène les barrières ventouse (autos)- On cache les

projecteurs - Problèmes reflets - Cache caméra-

Camouflage des enseignes et poubelles dans la rue.

20 h   : Répétition mouvement comédienne et caméra.

20h 30 : Répétition generale.

21 h   : Tournage 2 prises 8/1 (prises 1 et 2)

21h 10 : Arrêt repas.

22h 10 : Reprise tournage 8/1 (prises 3 à 12)·

23h 10 : Fin tournage au café.

Rangement matériel machinistes et cables électriques.

23h 45 : Arrivée sur les berges de la Seine.

0 h   : Mise en place du 2è plan - Installation lumière-

Pavé mouillé - Installation placos -

2 h   : Répétition mouvements caméra.

2h 30 : Répétition générale.

3 h   : Tournage 9/1 (5 prises).

3h 15 : Fin. On remballe.

- Heures suppl. = 3h 15 de nuit.

N.B.: Entre 20h et 6h, les heures sont doublées car, tarif de nuit.

3. Enfin, on peut essayer de passer à la *Commission de dérogation du Centre National de la Cinématographie*, avec présentation d'un *curriculum vitae*, de justificatifs et de la proposition d'engagement d'un producteur sur un long métrage déterminé ayant obtenu l'agrément.

Une scripte, en France, doit savoir remplir les *quatre rapports*, techniques et administratifs, dont elle a la charge (voir modèles), et pouvoir répondre à toutes les questions qui lui sont posées quotidiennement (voir "Petit guide pratique des urgences"), le rapport horaire se faisant soit derrière le rapport production soit sur une feuille séparée. Dans les pays anglo-saxons, la *scripte supervisor* a surtout la responsabilité du dialogue, qu'elle retape entièrement au moindre changement de texte. Elle tape également, en face des pages volantes du script (qu'elle possède en double exemplaire), la description des plans et des prises (voir exemple *Frantic* pp. 118-119). En France, on remplit à la main une feuille pour chaque plan avec tous les renseignements utiles au montage, ce sont les *rapports script* (en deux exemplaires), ainsi que les rapports pour le laboratoire, ce sont les *rapports image* (en quatre exemplaires), les *rapports production* (en deux exemplaires) et le *rapport horaire* (en deux exemplaires aussi). Personnellement, comme j'écris mal, j'ai toujours éprouvé la nécessité de noter sur des

DÉCOR _____ **N˚** _____

DATE _____

Objectif : _____

Distances : _____

FILM _____

Extérieur : _____ Intérieur : _____

Jour : _____ Nuit : _____

Réalisateur _____ Muet Sonore Appareil _____ Minutage : _____

1. _____
2. _____
3. _____
4. _____
5. _____
6. _____
7. _____
8. _____
9. _____
10. _____

Modèle rapport script pour le montage.

FEUILLE DE TIRAGE

IMAGE

Nº 111875

ÉCLAIR

8 à 16, av. de Lattre de Tassigny
93800 ÉPINAY-SUR-SEINE

PRODUCTION _____   Date _____

TITRE DU FILM _____   Remis, le _____

DIRECTEUR DE LA PHOTOGRAPHIE _____   _____heure

PROCÉDÉ _____   CAMERA UTILISEE

COMPTEUR

Imp. MIGON - réf. SC6

Nº SCÈNE	PRISE	MÉTRAGE DÉBUT	MÉTRAGE FIN	MÉTRAGE A TIRER	Observations		
Nº Boite + métrage chargé					EXT OU INT	JOUR SOIR	SONORE
					OU	NUIT AUBE	ou MUETTE
						CREPUSCULE ETC...	
					VITESSE CAMERA		
					CHUTES		
			Total à développer	Total à tirer			
	N.B. Encerclez les prises à tirer						

Modèle rapport laboratoire.

	FILM :
	Journée du
	Jour de tournage :

STUDIOS ou EXTÉRIEUR	PLATEAUX		DÉCORS

PLANS TOURNÉS Nᵒˢ _____

TOTALITÉ DES PLANS. ou des SEQUENCES Prévues DU SCRIPT

Séquences ou
Plans tournés ce jour....... ____

Séquences ou
Plans tournés précédemment. ____ ____

Il reste à tourner .... ____

	PLANS SUPPLÉMENTAIRES TOURNÉS	PLANS SUPPRIMÉS	PLANS REFAITS	MINUTAGE UTILE
Aujourd'hui...				
Précédemment.				
Totaux...				

	MÉTRAGES IMAGES			BOITES		MÉTRAGES SON		
	à développer	à tirer	utile	305m	122m	Repiquage	Bobines mères	
Aujourd'hui								
Précédemment								
Totaux...........								

PHOTOS	EN NOIR			EN COULEUR			K. W.	Groupes électrogènes	Animaux
	9×12	Bobines	Portraits	9×12	Bobines	Portraits			
Aujourd'hui									
Précédemment									
Totaux...........									

TOURNAGE	Heure Repas	PERSONNEL supplémentᵗˢ	ARTISTES convoqués non utilisés
Convoqué à............			
Début du travail.......			
Terminé à..............			
Heures supplément'ᵗˢ..			

ARTISTES PRÉSENTS	PETITS ROLES présents	FIGURATION	DIVERS
+nombre cachets		Hommes...	
		Femmes ...	
		Enfants.....	
		Total	
		DOUBLURES	
		OBSERVATIONS T. S. V. P. ➞	

Modèle rapport production. Le rapport horaire se fait soit au dos de ce rapport, soit sur une feuille séparée (voir modèles pp. 25 et 75).

cahiers de brouillon tout ce qui se passe pendant le tournage (moitié en sténo, moitié en abrégé pour aller plus vite) et de recopier ensuite pour le montage et le laboratoire toutes les notes sur les rapports correspondants.

Nous allons examiner successivement les rapports montage (ou rapports scripte : *continuity reports*), les rapports laboratoire (ou rapports image : *camera reports*) et les rapports production. Enfin nous passerons en revue les problèmes posés par les raccords.

RAPPORTS MONTAGE
(Ou rapports scripte — *continuity reports*)

Il y a une trentaine d'années, les réalisateurs français, pour des raisons d'économie de pellicule et de gain de temps sur le plan de travail (les tournages duraient de 36 à 48 jours), faisaient un découpage technique précis du nombre de plans à tourner : dans la *colonne de gauche* ils indiquaient le numéro correspondant au tronçon de l'action qu'ils envisageaient de filmer sans interruption avec la description du plan : décors, lumière, angles de prises de vues, mouvements d'appareil, jeu des acteurs, etc. ; dans la *colonne de droite*, le dialogue et les sons. Et la scripte n'avait pour tous raccords mouvement que ceux du début et de la fin du plan à surveiller. Comparez les pages de scénario des *Vacances de M. Hulot* avec celles de *Zazie dans le métro* et de *Missing*, par exemple. Vous remarquerez l'évolution du style de découpage en trente ans depuis *Hulot* (1951), où tous les raccords étaient prévus, *Zazie* (1961), où les chevauchements d'action et de texte commençaient à être plus compliqués, tout en restant prévus dans la colonne de gauche, jusqu'à *The Only Game in Town* (1970), *Missing* (1981) et *Frantic* (1987), où le découpage n'était absolument pas prévu (sauf dans la tête du réalisateur). Nos metteurs en scène ayant de plus en plus adopté la méthode américaine, le scénario définitif (*fi-*

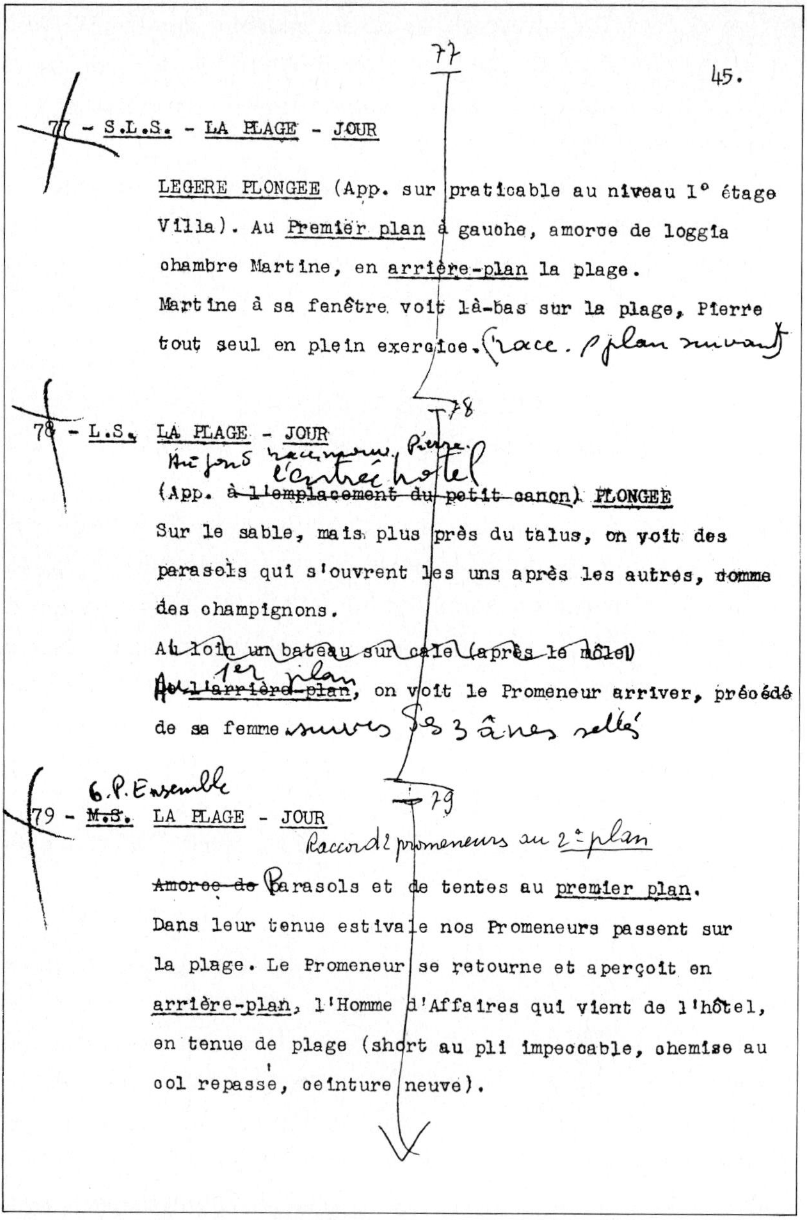

(handwritten: 77)

77 - S.L.S. - LA PLAGE - JOUR

    LEGERE PLONGEE (App. sur praticable au niveau 1° étage
Villa). Au Premier plan à gauche, amorce de loggia
chambre Martine, en arrière-plan la plage.
Martine à sa fenêtre voit là-bas sur la plage, Pierre
tout seul en plein exercice. *(handwritten: racc. plan suivant)*

(handwritten: 78)

78 - L.S. LA PLAGE - JOUR
    (handwritten: Au fond vacances, Pierre.p l'entrée hotel)
(App. à l'emplacement du petit canon) PLONGEE
Sur le sable, mais plus près du talus, on voit des
parasols qui s'ouvrent les uns après les autres, comme
des champignons.
Au loin un bateau sur cale (après le hôtel)
(handwritten: 1er plan) A l'arrière-plan, on voit le Promeneur arriver, précédé
de sa femme *(handwritten: suivis des 3 ânes sellés)*

(handwritten: 79)

(handwritten: G.P. Ensemble)
79 - M.S. LA PLAGE - JOUR
    (handwritten: Raccord 2 promeneurs au 2e plan)
Amorce de Parasols et de tentes au premier plan.
Dans leur tenue estivale nos Promeneurs passent sur
la plage. Le Promeneur se retourne et aperçoit en
arrière-plan, l'Homme d'Affaires qui vient de l'hôtel,
en tenue de plage (short au pli impeccable, chemise au
col repassé, ceinture neuve).

Les Vacances de Monsieur Hulot
(Jacques Tati, 1951).

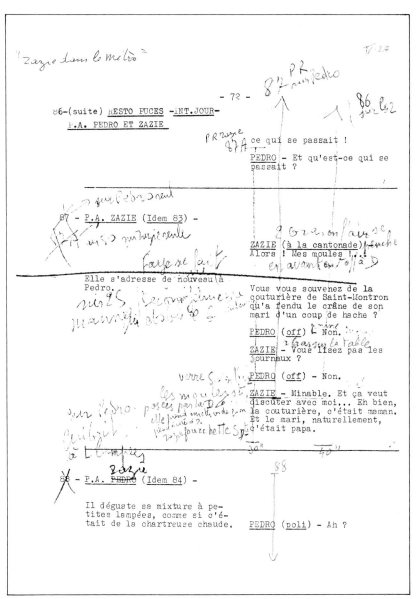

Zazie dans le métro
(Louis Malle, 1960).

There is no one in the registra at the name of Horman

                    McNALLY
                  (to Woman)
          Is that it?
          Have we seen all of them?

                    WOMAN
          Yes, except for Los Perdidos.
          The ones with no names.

                    HORMAN
          Where are they?

                    WOMAN
          Below, in the basement.

          Mac can we see them

82   INT. BASEMENT WARD - DAY   *of course. follow me. I mean you don't have it 20"*
                                            but you can check 82 by yourself.

          The "no names" are a frighteningly disoriented group.
          Some are severely injured, others ambulatory.

          McNally and the ~~Woman~~ wait at the door while Horman
          and Beth, enter the ward. Horman ~~holds the photograph~~
          absently against his chest, trying to select a patient
          he might question. Beth floats away from him in a
          peculiarly indecisive agony. It's as if Charles, his
          suffering, and her own suffering during this Kafka-
          esque odyssey after her phantom husband, are cruelly
          realized in the unremitting anguish of these broken
          citizens.

          ~~Without a word, they return slowly to McNally and the
          Woman.~~

83   INT. ANOTHER HOSPITAL - DAY   83   30"

          Another negative shake of the head at Charles's photo.
          And it's still raining outside.   5"

84   EXT./INT. A MENTAL HOSPITAL - LATE AFTERNOON   84

          The institution is located on the bank of a rain-
          swollen river.

          The interior is dark and grim and very gothic. The
          rooms are tiny -- virtually without furniture -- and
          lit by a naked bulb -- casting down a glaring light
          that accentuates the haunted faces of the inmates.

          Horman, Beth and McNally go from room to room, accom-
          panied by a stubby little man

                    30"

Missing *(Costa-Gavras, 1981).*

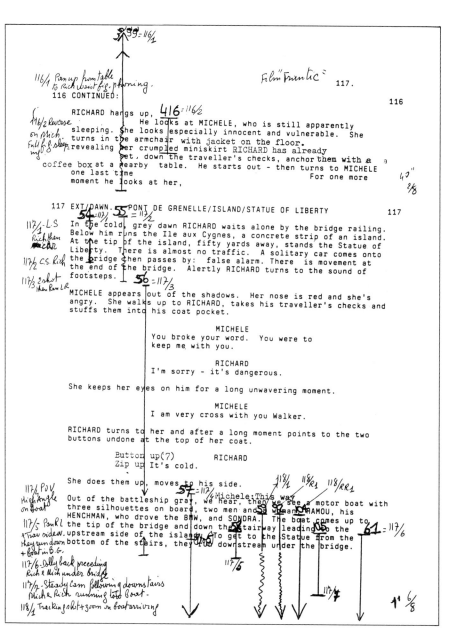

99 = 116/1

116/1 Pan up from table
to Rich w/ west fig. phoning.
116 CONTINUED: 116

RICHARD hangs up, 416 = 116/2

116/2 Reverse   He looks at MICHELE, who is still apparently
on Mich   sleeping. She looks especially innocent and vulnerable. She
Full f.g. sleep.   turns in the armchair with jacket on the floor.
my f.g. sleep. revealing her crumpled miniskirt RICHARD has already
               set, down the traveller's checks, anchor them with a   a
    coffee box at a nearby table. He starts out - then turns to MICHELE
    one last time   For one more   45"
    moment he looks at her,   2/8

117 EXT/DAWN. 55 PONT DE GRENELLE/ISLAND/STATUE OF LIBERTY   117

54 = 117/1 = 117/2

117/1 - L.S   In the cold, grey dawn RICHARD waits alone by the bridge railing.
Rich then   Below him runs the Ile aux Cygnes, a concrete strip of an island.
car   At the tip of the island, fifty yards away, stands the Statue of
              Liberty. There is almost no traffic. A solitary car comes onto
117/2 C.S. Rich the bridge then passes by: false alarm. There is movement at
              the end of the bridge. Alertly RICHARD turns to the sound of
117/3 2 shot   footsteps.   56 = 117/3
then Pan LR
              MICHELE appears out of the shadows. Her nose is red and she's
              angry. She walks up to RICHARD, takes his traveller's checks and
              stuffs them into his coat pocket.

                              MICHELE
                    You broke your word. You were to
                    keep me with you.

                              RICHARD
                    I'm sorry - it's dangerous.

              She keeps her eyes on him for a long unwavering moment.

                              MICHELE
                    I am very cross with you Walker.

              RICHARD turns to her and after a long moment points to the two
              buttons undone at the top of her coat.

                    Button up(7)   RICHARD
                    Zip up It's cold.

              She does them up, moves to his side.   118/1 118/R1 118/RR1
117/4 POV
High Angle   57 = 117/4 Michele:This way
on boat   Out of the battleship gray, we hear, then we see a motor boat with
              three silhouettes on board, two men and a woman RAMOU, his
              HENCHMAN, who drove the BMW, and SONDRA. The boat comes up to
117/5 Pan RL the tip of the bridge and down the stairway leading to the   61 = 117/6
+ Trav sidew. upstream side of the island. To get to the Statue from the
they run down bottom of the stairs, they go downstream under the bridge.
+ boat in B.G.
117/6 - Dolly back preceding
Rich & Mich under bridge   117/5
117/7 - Steady Cam following downstairs
Mich & Rich running into Boat.
118/1 - Tracking shot + zoom in boat arriving   117/7   1' 6/8

Frantic *(Roman Polanski, 1987).*

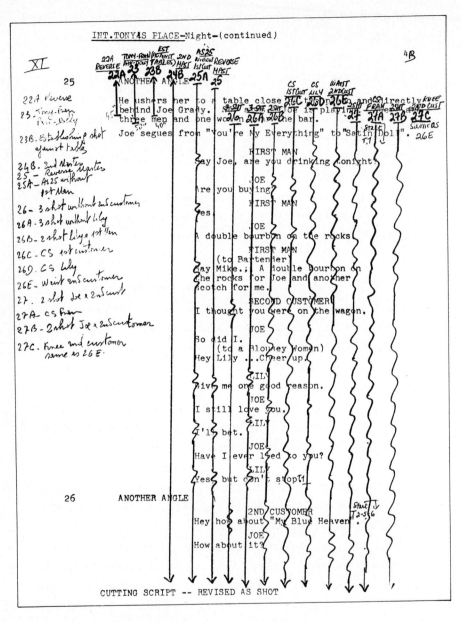

XI   4B

25   ANOTHER ANGLE

22.A Reverse

23 - Tony-Fran
R.P. Dolly

23B - Establishing shot
   against tables

24B - 2nd Master
25 - Reverse Master
25A - As 25 without
   1st Man

26 - 3 shot without 2nd customer
26A - 3 shot without Lily
26B - 2 shot Lily + 1st Man
26C - CS 1st customer
26D - CS Lily
26E - Waist 2nd customer
27 - 2 shot Joe + 2nd cust
27A - CS Fran
27B - 2 shot Joe + 2nd customer
27C - Knee 2nd customer
   same as 26E.

He ushers her to a table close by, and directly
behind Joe Grady. Joe is playing.
Three men and one woman at the bar.
Joe segues from "You're My Everything" to "Satin Doll".

            FIRST MAN
Say Joe, are you drinking tonight?

            JOE
Are you buying?

            FIRST MAN
Yes.

            JOE
A double bourbon on the rocks.

            FIRST MAN
            (to Bartender)
Say Mike.; A double bourbon on
the rocks for Joe and another
scotch for me.

            SECOND CUSTOMER
I thought you were on the wagon.

            JOE
So did I.
            (to a Blousey Woman)
Hey Lily ...Cheer up.

            LILY
Give me one good reason.

            JOE
I still love you.

            LILY
I'll bet.

            JOE
Have I ever lied to you?

            LILY
Yes but don't stop!!

26   ANOTHER ANGLE

            2ND CUSTOMER
Hey how about "My Blue Heaven".

            JOE
How about it?

CUTTING SCRIPT -- REVISED AS SHOT

Les flèches couvrent le texte, avec grosseur de plan indiquée en tête de chacune :
The Only Game in Town *(George Stevens, 1969).*

nal draft) se présente un peu comme une pièce de théâtre (ce qui se lit plus facilement) : le texte vient s'intercaler dans la description de l'action, avec un seul numéro pour chaque changement de décor... Alors, on "couvre" cette scène, ou plutôt cette séquence, en filmant plusieurs fois le même dialogue et la même action, avec des objectifs et des places caméra variés, mais les comédiens jouant en principe de façon identique. Les réalisateurs en profitent pour essayer d'obtenir des acteurs dans les plans rapprochés ce qu'ils n'avaient pas réussi à obtenir en plan large (ou leur font faire des variantes, certains interprètes s'améliorant à chaque prise et les enfants improvisant merveilleusement) : les chances pour la scripte de pouvoir raccorder s'amenuisent d'autant.

Plans

Les metteurs en scène font varier la grosseur des plans ainsi que les différents angles de prises de vues sur les différents personnages. Par exemple, George Stevens a fait douze plans, soit douze flèches pour couvrir le dialogue représentant une page de la séquence 25 dans *The Only Game in Town*. Costa-Gavras a couvert en huit plans la séquence 82 représentant un quart de page dans le scénario de *Missing*. Roman Polanski a couvert en treize plans la séquence 111 représentant un quart de page dans le scénario de *Pirates*, et en huit plans la séquence 117 représentant trois quarts de page dans le scénario de *Frantic*. Gilles Carle a couvert en vingt-six plans, soit vingt-six tronçons de flèche qui se chevauchent, la séquence 56 représentant une page de chanson en play-back dans le scénario de *Fantastica*, etc.

Évidemment, on consomme davantage de pellicule, mais cela donne une plus grande richesse dans les choix et combinaisons possibles de montage. Pour la scripte, les raccords sont multipliés par huit, treize et vingt-six, donc pas toujours exacts. Le prédécoupage ne se faisant plus, à de rares exceptions près (Alain Resnais n'a fait qu'un seul plan, avec Dolly en mouvement, pour couvrir les trois premières pages du scénario de *Mélo*), c'est à la scripte de numéroter et de décrire chaque plan sur une feuille séparée, pour que les monteurs s'y retrouvent. D'où l'utilité de mes gros cahiers à spirale de 180 pages chacun (j'en utilise trois ou quatre par film), que je numérote à l'avance dans l'ordre du scénario en laissant quelques pages blanches entre deux séquences en plus des dix à quinze plans qui risquent d'être tournés suivant l'inspiration de chaque réalisateur (voir " Pratique").

Quand je feuillette d'anciens découpages, je trouve une certaine terminologie qui prêtait à discussion d'un réalisateur à l'autre.

P.T.G.E.	Plan très grand ensemble.
ou P.T.E.	Plan très éloigné.
P.G. ou P.E.	Plan général ou plan d'ensemble (avec de l'air au-dessus de la tête et au-dessous des pieds).
P.D.E. ou P.M.L	Plan demi-ensemble ou plan moyen large.
ou S.L.S.	Semi-long shot.
P.M.	Plan moyen (pour certains, c'était plan pieds, pour d'autres, coupé aux mollets ou sous la taille).
P.A. large	Plan américain large (mi-cuisses pour voir le revolver).
P.I.	Plan italien (hanches).
P.A. serré	Plan américain serré (sous la taille).
P.R. ou P.S.	Plan rapproché ou plan serré (buste-épaules).
G.P.	Gros plan (cou-menton).

Je préfère — comme font les Américains — indiquer la partie du corps où s'arrête le cadrage (voir ci-contre).

P.T.E.	Plan très éloigné	Extreme long shot	E.L.S.
P.E.	Plan ensemble	Wide angle ou long shot	L.S.
P.P.	Plan pieds	Full figure	F.F.
	Plan genoux	Knee figure	K.F.
P.C.	Plan cuisses	(Thighs) Mid shot	M.S.
P.A.	Plan hanches	Hip figure	H.F.

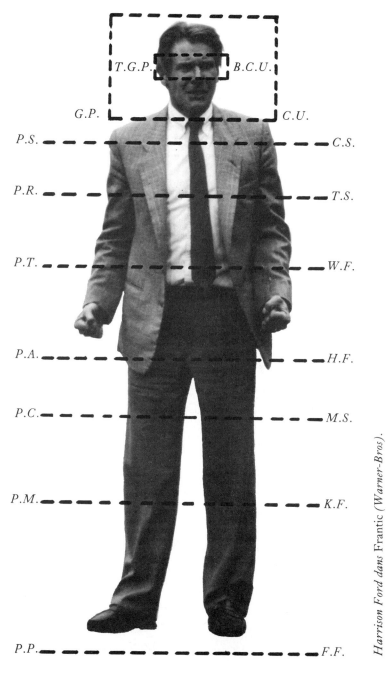

T.G.P.   B.C.U.

G.P.   C.U.

P.S.   C.S.

P.R.   T.S.

P.T.   W.F.

P.A.   H.F.

P.C.   M.S.

P.M.   K.F.

P.P.   F.F.

Harrison Ford dans Frantic *(Warner-Bros).*

P.T.	Plan taille	Waist figure	W.F.
P.R.	Plan poitrine	Tight shot ou Breast fig.	T.S.
	Plan épaules	Shoulders ou Close shot	C.S.
G.P.	Plan visage	Close up	C.U.
T.G.P.	Très gros plan (yeux, bouche…)	Big close up	B.C.U.
Insert	(main, objet…)	Détail	

Les Américains font souvent des *establishing shots*, c'est-à-dire des plans qui situent le décor et parfois le "démarrage" de l'action, qu'il ne faut pas confondre avec le *master shot*, qui est le plan principal groupant toute l'action et qui est ensuite entrecoupé de plans de grosseur variée sur les différents interprètes. Un autre anglicisme vient se faufiler dans notre vocabulaire : le *pick-up shot* ; c'est une portion, ou un extrait de plan qui ne commence ou ne finit pas toujours sur les mêmes mots que le plan dont il est issu. Parfois, à la demande du metteur en scène et de son monteur (par exemple dans *Tess* et *Pirates*), il faut aussi marquer les grosseurs de plan en abrégé sur la claquette.

Objectifs

La gamme des focales d'objectifs courantes va du 18 mm au 100 mm. En fonction de la perspective désirée par le metteur en scène, vous entendrez souvent dire : "Mettons une courte focale (on dit aussi : un grand angulaire) pour avoir toute cette façade dans le champ"… A mes débuts, cela ne me semblait pas clair, mais j'ai compris ensuite que plus petit (plus court) est le chiffre désignant l'objectif, plus le champ balayé est *large*. Ainsi, les objectifs allant du 9 mm au 30 mm sont appelés *courts* mais couvrent de grandes surfaces. En revanche, si vous entendez : "Je veux isoler la fenêtre de gauche, on mettra une longue focale", cela veut dire que l'on va mettre un objectif du 75 mm au 250 mm, parfois même le 400 mm ou le 600 mm quand on veut filmer à la sauvette des gens à l'autre bout de la rue. Plus important (plus *long*) est le chiffre qui désigne l'objectif, plus *réduit* est le champ visuel. On dit que la vision de l'œil humain est de 200° et correspond à une focale de 30 ou 35 mm. Là-dessus, Jacques Tati était intraitable ; il exigeait le 35 mm pour tous ses plans, car il voulait toujours cadrer ses personnages en pied. (Un jour, comme je demandais à haute voix l'objectif et la distance, je vis l'assistant à la caméra lancer un coup d'œil tragique au cadreur, qui vint me chuchoter à l'oreille : "Ne l'inscris pas sur ton rapport montage, mais j'ai mis le 40 mm pour éviter ce pilier à gauche.")

Dans les années 50, les opérateurs gardaient pour eux le *diaphragme* (là encore, plus le chiffre est élevé, moins la lumière pénètre), et en fin de journée, alors qu'il n'y a plus beaucoup de lumière, vous entendiez l'assistant opérateur dire : "J'ai changé le zoom contre un 50 à grande ouverture", c'est-à-dire qu'il avait remplacé l'objectif à foyer variable qui a une ouverture de 4 ou 2.8 par un objectif de 50 mm qui, lui, ouvre à 1.8 et laisse donc entrer plus de lumière (puisque le chiffre est plus petit).

Aujourd'hui, les opérateurs donnent toutes les coordonnées à la scripte avec les numéros des *filtres* et des *diffuseurs* utilisés pour chaque plan — car elle peut rapidement les retrouver si nécessaire. Durant le tournage de *The Only Game in Town*, il a fallu refaire un plan à cause d'un pépin de laboratoire et, pour retrouver le cadre exact j'avais ressorti, comme d'habitude, l'objectif et la distance, et signalé que la caméra était basse, en légère contre-plongée sur Warren Beatty ; mais George Stevens insistait : "A combien de centimètres du sol ?" (*How many inches low ?*)... Je ne le savais pas ! Depuis, croyez-moi, j'insiste pour avoir, en plus, la *hauteur* de l'objectif au sol (tout en me faisant traiter de casse-pieds).

Sachez enfin que le *zoom*, qui est un objectif à foyer variable, ne change pas la perspective tout en grossissant le sujet, car la distance caméra-objet reste constante.

Mouvements de caméra

Le *travelling* sur rails, la *Dolly*, plate-forme montée sur quatre doubles roues que le chef machiniste peut déplacer dans tous les sens,
l'*Élémak*, qui permet de se déplacer à travers des passages étroits,
sont autant de moyens de s'approcher ou de s'éloigner d'un sujet en
changeant la perspective derrière lui, que l'on note ainsi : TRAV. AV
grossissant sur... TRAV. AV. suivant le dos... TRAV. ARR. s'éloignant
de... TRAV. ARR. précédant... TRAV. LATÉRAL G.D. ou D.G... TRAV.
OBLIQUE... DOLLY en ANGLE droit ou en S..., etc. On peut lier le
zoom grossissant et le travelling avant ou l'inverse, pour éviter cette
sensation de pompage si souvent employée en reportage. (En anglais
travelling se dit *tracking shot*.) On peut aussi combiner ces mouvements
de la caméra, que les machinistes font avancer ou reculer, avec ceux
que le cadreur exécute en faisant pivoter la caméra sur son axe soit
horizontalement : *panoramique* gauche-droite ou droite-gauche, soit
verticalement : *panoramique* bas-haut ou haut-bas, que l'on note : PAN.
D.G... PAN G.D... PAN. B.H... PAN. H.B... PANO FILE G.D. rapide, qui
permet d'enchaîner avec un plan fixe... ou PAN D.G. lent, descriptif...

Une Dolly aux Seychelles à la marée montante : tournage des Pirates *de Roman Polanski
(1985). Préparation d'un plan de jour qui sera tourné à marée basse et au crépuscule
("magic hour"). Dolly arrière qui partira de Red en gros plan assis sur son fauteuil pour
avoir toute la table et Frog en amorce de dos sur le tonneau. (Photo Sylvette Baudrot).*

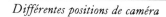

Différentes positions de caméra

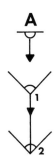

Travelling avant
grossissant sur A.

Travelling avant
suivant A et B.

Travelling arrière
précédant A.

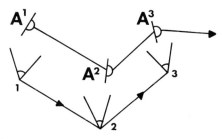

Travelling latéral précédant ou suivant A, qui sort du champ.

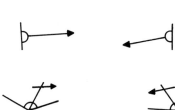

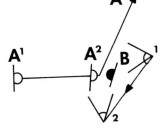

Panoramique
gauche/droite avec A.

Panoramique
droite/gauche avec A.

Travelling ciseau ou contrarié
droite/gauche, passant derrière B
tandis que A croise le champ
gauche/droite et s'éloigne.

Il y a *travelling ciseau* avec *pano contrarié* lorsque la caméra va en sens inverse de l'acteur[1].

La *Dolly* est un engin merveilleux qui permet en outre à la caméra de s'élever, grâce à son pied de grue, jusqu'à deux mètres au-dessus du sol, en douceur. Dans les poursuites, les décors exigus ou mouvants, tels une voiture ou un bateau, le cadreur prend la *caméra à l'épaule* ou se fait pousser dans une chaise d'invalide, etc. Avec une grande *grue* ou une élévatrice, on peut monter très au-dessus de la foule, et on obtient une *plongée* (sans oublier les acrobaties de la caméra attachée à un filin qui descendait de 22 m de haut dans *L'Argent* de Marcel L'Herbier, ou les caméras sous-marines de l'équipe Cousteau), ainsi dans le final de *Quand passent les cigognes* ou le début de *Tess*. L'effet contraire est obtenu en plaçant la caméra plus bas que le sujet à filmer : c'est la *contre-plongée*, qui nous fait découvrir les plafonds, comme dans *Citizen Kane* (effet dramatique).

Croquis

Même si vous ne savez pas dessiner, vous devez faire un croquis tout simple à chaque plan pour situer la caméra et ses déplacements par rapport aux acteurs et certains éléments stables du décor. C'est le seul moyen visuel et rapide de vous y retrouver dans votre cahier de brouillon montage, quand le réalisateur vous dira : "Je veux ajouter

---

1. Pour les notes, chacune de nous utilise des abréviations qui lui sont propres, ou la sténo, ou les anglicismes. Je vous suggère : Obj. pour objectif - D. pour droite et G. pour gauche - d. pour distance - f. pour diaphragme - h. pour hauteur - H. pour haut, B. pour bas - Cam. pour caméra - Pan. H.B. pour panoramique haut-bas - Pl. pour plan - Seq. pour séquence - Sc. pour scène - Trav. pour travelling - Sup. pour supprimé - Supl. pour supplémentaire - Chp pour champ - Comp. pour complète - Inc. pour incomplète - Cut pour coupée - F.D. pour faux départ (quand la prise est interrompue avant que l'action ne commence) - N.G. pour *no good* quand la prise est mauvaise - T.B. pour très bonne - Meil. pour meilleur - Mvt pour mouvement - Off pour hors champ - In pour dans le champ - P.O.V. pour point de vue quand la caméra est subjective, etc.

un plan rapproché sur Untel ; nous étions bien sur fond fenêtre pour le plan à deux et non sur la cheminée ?"

Plan refait

Si, huit jours plus tard, il faut *refaire* un plan "pané" (abîmé) au laboratoire, n'oubliez pas de mettre un R (R pour retake) devant le numéro de plan qu'on refait ; ainsi, si c'est le plan 324 qui est abîmé, vous inscrirez sur le clap *et* sur votre cahier : R 324/1re, etc. Si votre script est découpé en séquences et que c'est le plan n° 4 de la séquence 32 qui est sinistré, vous inscrirez 32/R4/1re... Quand le film est bien préparé, vous reportez tous les angles de prises de vues concernant le même décor sur une seule feuille (on gagne du temps en tournant à la suite tous les plans dans le même axe déjà éclairé, une fois la répétition complète de la scène bien établie, et à condition, bien entendu, que cela ne gêne pas les acteurs de jouer leur scène d'émotion dans le désordre...).

En fonction des lieux, des moyens de la production, des mouvements acrobatiques désirés par le metteur en scène pour combiner certains mouvements, il arrivera que l'on tourne tantôt avec la Louma, tantôt avec la Chapman, le Pana-glide, le Steady Cam, etc. N'oubliez pas de noter pour chaque plan la caméra et le système utilisés. Je n'insisterai jamais assez sur la numérotation différente : 1) des boîtes pellicule, 2) des magasins, chaque fois que vous changez de système de caméra et d'émulsion de film.

Récapitulons : vous avez noté 1) la place de la caméra, 2) la grosseur du plan (l'objectif, la distance, et la hauteur caméra), 3) les mouvements d'appareils (ou alors, spécifiez si c'est un plan fixe ou *static shot*), 4) un petit croquis (pour éviter les longues explications). Il vous faut encore contrôler les amorces, les regards, les retournements, etc.

Entrées et sorties de champ - amorces

Signalez si l'on tourne un plan à *un, deux* ou *trois* personnages, etc.

C'est toujours le premier plan de situation d'une séquence qui donne la clef des directions de regards. Ainsi, dans cette première partie de la séquence radeau de Pirates, les acteurs ont été situés une fois pour toutes : Captain Red à gauche et Frog à droite.

Ainsi, pourvu que Red soit à gauche du cadre, la caméra a la liberté de le cadrer de dos, de profil ou de face, à n'importe quelle distance. De même pour Frog, du moment qu'il reste à droite. Lorsque, beaucoup plus tard dans l'action, Frog croisera le champ et grimpera sur le mât à gauche la situation se renversera.

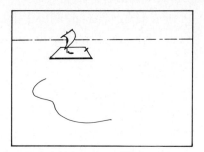

P.T.G.E. Un point à l'horizon.

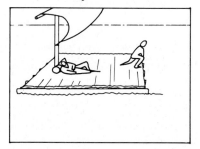

P.E. Plan de situation : les deux.

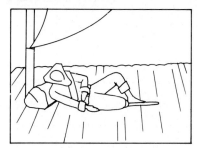

P.P. Red couché, sa jambe de bois.

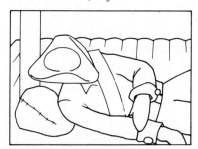

P.T. Red se redresse.

P. Poitrine Red qui regarde off Frog à droite.

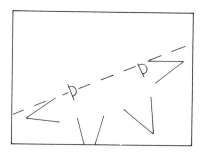

Ligne imaginaire passant du milieu de la nuque au milieu du visage de Frog : tant que le réalisateur désire garder Red à gauche regardant Frog à droite, il est préférable de ne pas la franchir, afin de garder les bonnes directions de regards. Car, dès que la caméra dépasse cette ligne, son amorce, qui était à gauche, passe automatiquement à droite cadre : Frog, qui était à droite, passe à gauche, ce qui change à nouveau tous les regards.

P. genoux. Frog (toujours à droite) de face au premier plan. Red (toujours à gauche) de face au deuxième plan.

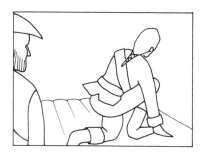

P. Red à gauche assis en amorce de dos. Frog à droite accroupi au deuxième plan.

(*single, two shot, three shot*), s'il y a une *entrée* ou *sortie* de *champ* (même quand il n'y a pas de porte) et dans quelle *direction*. Il est une règle d'usage dans le cinéma qui veut que l'entrée dans le cadre se fasse du côté opposé à la sortie du plan précédent (comme dans les poursuites). Ainsi, un acteur qui sort par la droite du cadre devra, dans le plan suivant, entrer par la gauche, sinon il donnera l'impression de rebrousser chemin.

Pendant une conversation, notez lequel est *avantagé*, c'est-à-dire le plus "de face" à la caméra ; lequel est de *profil*, de trois quarts dos ou en *amorce* (*overshoulder*) ; lequel est à *gauche* et lequel est à *droite* de l'image, car cette *amorce* plus ou moins grande au bord du cadre sert à maintenir la présence d'un des acteurs à tour de rôle, lorsqu'on passera d'un angle à un autre, pour justifier leur direction de regard dans une prise de vues en *champ et contre-champ* (une fois l'amorce supprimée).

Champ et contre-champ - regards

(*Complementary-two shot* en anglais ; *reverse* en américain. En japonais *Kirika-Etchi*, formule des samouraïs croisant leur sabre.) Au cours d'un dialogue, deux personnages croisent leurs *regards*. Si vous mémorisez cette image, vous penserez toujours à faire regarder le personnage de gauche en direction de celui de droite, même s'il n'y a qu'un bout de son épaule dans le champ, et celui de droite en direction de l'autre, qu'il faudra toujours mettre à gauche pour entretenir l'impression qu'ils se regardent, et cela quels que soient les cadrages, même si ensuite on les isole en gros plan ou si on les sépare par des portes, des murs, des océans, pour les faire enfin se retrouver sur un quai de gare ou un aérodrome... Dans les *poursuites* à pied, à cheval ou en voiture, c'est l'inverse ; il ne faut jamais donner l'impression que les personnages se croisent ou qu'ils reviennent sur leurs pas (sauf effet comique voulu comme dans *Zazie dans le métro*). Donc, si le premier personnage va de droite à gauche, le poursuivant doit prendre la même direction, c'est-à-dire aussi de droite à gauche.

Un acteur sortant par la droite du cadre...

... doit rentrer par la gauche du cadre suivant...

... pour donner l'impression qu'il continue son chemin...

... car s'il rentrait par la droite...

... on croirait qu'il a oublié quelque chose et revient le prendre.

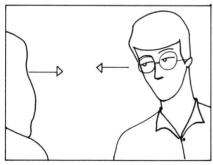

La fille de dos regarde le garçon à droite...

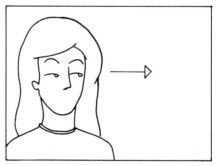

... lorsqu'on la prend de face, elle doit toujours regarder le garçon off dans la même direction, c'est-à-dire à droite.

Les 180°

Lorsque vous filmez une course de chevaux de la tribune, si, au plan suivant, vous *sautez la barrière* pour la filmer de la pelouse, vous donnerez l'impression que les chevaux ont subitement changé de parcours. C'est le phénomène des *180°*, qui passe bien avec un plan de coupe sur un spectateur de la tribune suivant des yeux, ou à travers ses jumelles, la progression des chevaux. Quand le décor est bien localisé dans l'œil du spectateur, dans les films à grand spectacle, "sauter la barrière des 180°" ne choque plus du tout. C'est le cas, par exemple, dans un western où des Indiens guettent d'une position élevée une diligence venant du *bas de cadre à droite* ; quand la caméra, au plan suivant, se met à leur place ou derrière eux pour la voir arriver, cette diligence doit obligatoirement arriver *par la gauche cadre*. De même, si l'on cadre de face un homme à gauche et une femme à droite dans une loge de théâtre, vous viendrait-il à l'esprit d'intervertir la place de l'homme et de la femme, au plan suivant quand ils sont filmés de dos ?... Eh bien, il y a quarante ans, cela s'est fait, sans doute pour que l'œil du spectateur ne perde pas le fil de l'action en s'étonnant de trouver subitement à gauche de dos l'acteur qu'il avait laissé à droite de face.

Les réalisateurs aujourd'hui savent très bien jongler avec tous ces anciens interdits, pour passer outre cette *fameuse ligne*. Ainsi, dans le métro, quand vous attendez sur le quai direction Porte de Clignancourt, vos wagons arrivant de la gauche, vous n'avez pas spécialement envie de sauter sur le quai d'en face, direction Porte d'Orléans, pour les prendre à contresens, c'est-à-dire venant de la droite (sauf images-choc dans *Subway* de Luc Besson). En général, c'est uniquement pour ne pas déconcentrer et faire sentir que la caméra a changé de place qu'il y a des codes : par exemple, dans le cas d'un couple jouant aux cartes, on garde l'amorce de l'un comme pivot central et on tourne autour de lui, pour passer de son profil droit à son profil gauche, ou les faire regarder tous les deux un point derrière l'objectif, de façon à pouvoir "sauter" 180° avec la caméra

Filmés de la tribune,
les chevaux défilent gauche/droite.

Filmés de la pelouse,
les chevaux défilent droite/gauche.

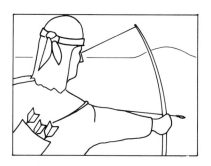

L'Indien vise la diligence
off en bas à droite.

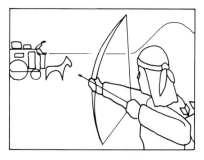

La caméra, passant derrière lui,
la diligence est en bas à gauche.

Assis dans une loge, de face :
Madame à gauche, Monsieur à droite.

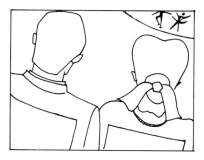

Les mêmes, de dos : Madame est à
droite, Monsieur à gauche. C'est logique
et ne choque personne.

de l'autre côté de la table, et voir ce qu'ils ont vu (le nouveau venu forme la pointe du *triangle* qui regarde la femme à sa base gauche et l'homme à sa base droite). Le dialogue s'instaurant, soit on remet la caméra à la place du troisième personnage et notre couple doit regarder un point unique au-dessus de l'objectif, soit on le met en amorce à droite cadre, et notre couple passe à gauche cadre avec le décalage de la table entre les deux ; ils continuent à le regarder *à droite* de l'axe optique de la caméra, quelles que soient les grosseurs choisies sur chacun d'eux et, lorsque la caméra se retourne sur le troisième personnage, il doit les regarder (suivant le principe immuable du champ et contre-champ) *à gauche* ; mais, du fait qu'ils sont séparés par une table, il regardera la femme à gauche et l'homme plus près de l'axe optique, mais *toujours à gauche*, et vice versa : si on l'avait mis au départ en amorce à gauche, le couple serait à droite (voir illustrations, pages 91 à 93). Ainsi, qu'ils soient deux, trois ou bien plus, tout découlera de l'angle choisi au départ pour le premier plan, et plus tard, on pourra toujours changer la direction des regards en faisant croiser un personnage qu'on suivra de droite à gauche, ou vice versa.

Pendant les répétitions, notez (toujours au crayon) les départs travelling et les montées Dolly par rapport au texte ou aux mouvements (sur votre script). Et, au fur et à mesure des répétitions, il vous arrivera d'effacer ce que vous avez écrit en premier pour effacer de nouveau ce que vous avez écrit en second... jusqu'à ce qu'on soit prêt à tourner. A ce moment-là, apprenez à regarder du coin de l'œil les mouvements caméra par rapport à ceux des acteurs, et de l'autre œil suivez le texte sur le découpage, en faisant démarrer votre *flèche*, sans oublier de rajouter en tête de chacune son numéro de clap, la grosseur du plan correspondant, et, à la fin, le minutage trouvé. Les directions de regard étant notées, par exemple, *Plan taille Red regarde off* (c'est-à-dire hors-champ) *en haut à gauche Frog sur le mât*, automatiquement, notez pour le plan qui suivra : *Frog en haut du mât devra regarder off en bas à droite Red (Pirates)*.

Les retournements

Un acteur sur scène se tourne soit *côté cour*, c'est-à-dire à droite pour les spectateurs et à gauche pour lui, soit *côté jardin*, c'est-à-dire à gauche pour les spectateurs et à droite pour lui. Au cinéma, pour éviter aussi la confusion entre la droite caméra qui est la gauche pour les acteurs, et réciproquement, il vaut mieux dire : "Il s'est retourné *épaule droite*" (quand c'est la droite qui a commencé le mouvement, à l'intérieur d'un cercle, alors que son épaule gauche est à l'extérieur du cercle et ne fait que suivre le mouvement), ce qui correspond au *sens des aiguilles d'une montre* — que l'on retrouve dans la valse, ou bien dans le geste de fermer un robinet : on le *visse*. De même, on dit : "Il s'est retourné *épaule gauche*" quand c'est à sa gauche qu'il a amorcé le mouvement, ce qui correspond au *sens inverse des aiguilles d'une montre* — comme dans le geste d'ouvrir un robinet : on le *dévisse*. Quand vous avez plusieurs acteurs à surveiller, vous n'avez jamais le temps d'écrire les retournements de chacun, surtout dans une bagarre, où tout se déroule très vite ; mais vous pouvez toujours faire une petite flèche pour chacun, ainsi ⤴ est le sens des aiguilles d'une montre, donc épaule droite, ou bien ⬑ est le sens inverse des aiguilles d'une montre, donc épaule gauche.

Sur un tournage, vous entendrez souvent le cadreur dire à l'accessoiriste ou au machiniste : "Visse-moi un peu ce fauteuil et ramène-le à gauche", c'est-à-dire tourne-le dans le sens des aiguilles d'une montre (*clockwise*) et déplace-le vers la gauche par rapport à la caméra — au théâtre, on dirait : "Visse-le côté jardin". ("Dévisse-le" correspond à *anti-clockwise*.)

Transparences - découvertes - l'auto-travelling

Il ne faut pas confondre les *transparences* avec les *découvertes* et les *maquettes*. La *découverte* est une partie lointaine du décor, vue à travers une fenêtre, une porte, etc. Elle est souvent constituée d'un agrandissement photographique ou d'une toile peinte verticale de grande surface avec de minuscules trous pour placer des lampes et voir, par exemple, à travers la baie vitrée d'un building la ville qui s'éclaire ou le ciel qui scintille, sur plusieurs mètres carrés. Notre chef électricien (dans *Tess, Pirates* et *Mélo*) Jean-Claude Le Bras et son équipe ont fait des ciels étoilés mouvants sur des cyclos faisant tout le tour du studio. Souvent aussi on utilise une *maquette* de la ville, construite verticalement ou horizontalement, en réduction, à l'échelle voulue, pour donner l'illusion de la prolongation du décor que l'on filme de la fenêtre, ou bien une réduction de bateau pour un naufrage, ou d'avions qui prennent feu, etc.

Lorsque le paysage doit défiler derrière les vitres d'une voiture ou d'un train, on substitue à la découverte une projection, filmée préalablement en extérieurs sous différents angles, qu'on appelle *pelure de transparence*. On la projette ensuite "par transparence" en studio, ou par "Transflex" sur un grand écran devant lequel on a mis soit la voiture décapotable (*La Main au collet* d'Hitchcock), soit les acteurs marchant dans une rue qui s'éloigne (*Orphée* de Cocteau), soit encore un demi-compartiment de train que l'on a construit (*Tess*), ou la moitié d'un taxi (*Frantic*). On fait jouer les acteurs au premier plan avec les images du paysage qui est projeté derrière eux, et on refilme le tout, avec un nouveau clap 5/1, par exemple, couvrant la pelure 5/T1, 5/2 couvrant 5/T2... Sans oublier le ventilo pour faire le vent dans les cheveux et les petites secousses données par les machinistes sous la voiture immobile pour "faire vrai". Chaque fois que l'on change l'angle de prise de vues sur les acteurs, on déplace la voiture et on met la transparence correspondante (tournée à l'avance). C'est-à-dire que si l'on filme le conducteur de profil droit, il faut que la transparence défile latéralement derrière de droite à gauche, etc. Il faut donc prévoir, quand on tourne les pelures de transparence, toutes les directions possibles et la longueur prévue par le minutage de la scripte en fonction de la longueur du texte, sans oublier de mettre la lettre T devant le numéro de plan.

De nos jours, en France, on ne fait pratiquement plus de transparences. (On a été obligé de faire venir des techniciens anglais pour celles de *Pirates* et de *Frantic*. M. Igouf, grand spécialiste français des transparences, vient juste de trouver des successeurs avec la maison Excalibur.) Pour des raisons d'économie, on filme directement les acteurs qui discutent tout en conduisant, en accrochant solidement la caméra soit sur le capot de la voiture si on veut les avoir de face, soit sur les portières si on veut les avoir de profil ; ou encore le cadreur s'assoit sur la banquette arrière avec la caméra sur l'épaule et les filme de dos tandis qu'ils engloutissent des kilomètres. L'ingénieur du son se cache s'il le peut dans le coffre à bagages avec son magnétophone pour avoir au moins un son témoin de la scène. Quant à la scripte, elle court à côté si le trajet n'est ni trop long ni trop rapide ou elle attend que la voiture revienne au point de départ pour noter le métrage, les réflexions de l'opérateur, les remarques des acteurs ("J'ai oublié de dire telle réplique", ou : "J'ai jeté mon mégot à la fin de telle phrase", ou : "Dans la précipitation, j'ai oublié de donner le clap", etc.). C'est pourquoi, dès que la production a les moyens de s'offrir une *auto-travelling* sur laquelle une partie de l'équipe peut monter pour suivre, précéder ou accompagner latéralement le véhicule, elle peut enfin garder l'œil sur le texte, et faire le clap, en se dissimulant par terre derrière les sièges des comédiens. Je ne vous cache pas que c'est une sacrée gymnastique...

Play-back

Le play-back, ou préenregistrement, c'est l'enregistrement préalable du son (une fois la meilleure pellicule sonore choisie). L'assistant doit prévoir la préparation du play-back avec l'ingénieur du son bien avant le jour du tournage de la scène. Pour l'enregistrement musical préalable, ou la voix intérieure, il est important d'avoir le texte exact à la virgule près, ainsi que le minutage exact de la scène. La meilleure prise est préparée en bande par le monteur, avec des "tops" sonores pour permettre un départ synchrone quand elle est par la suite "envoyée" sur le plateau, et réenregistrée en son témoin tandis qu'on filme l'acteur mimant les paroles sans les prononcer. Les avantages sont les suivants :

● La qualité sonore est excellente (on n'entend pas le bruit de la machine à faire la pluie — *Chantons sous la pluie*).

● Quelqu'un d'autre peut chanter à la place de l'acteur qui se consacre uniquement à son jeu (*Les Parapluies de Cherbourg*).

● Pour le raccord sonore, on peut faire tous les plans de la séquence avec le même son (le pianiste est obligé de mimer les mêmes accords toujours aux mêmes moments).

● L'acteur peut danser en chantant sans s'essouffler, ni grimacer ou ouvrant exagérément la bouche, etc. (*Fantastica*).

La scripte doit, pendant le tournage, surveiller avec l'équipe son le *synchronisme* pour qu'il soit parfait, tandis qu'un son témoin avec clap synchrone enregistre le tout (pour aider le montage). Alors que j'étais scripte deuxième équipe sur *Gigi*, nous avons tourné les pelures de transparence (sans acteurs, évidemment) avec la caméra sur autotravelling allant à la vitesse et à la hauteur d'une calèche, en légère contre-plongée pour ne pas accrocher les voitures modernes circulant en bas du cadre ; une fois le long des façades de gauche sous différents degrés d'angulation, et une fois le long des façades de droite du boulevard Beaumarchais. Et l'équipe son nous envoyait le play-back de la chanson afin que nous soyons tous sûrs que le kilométrage République-Bastille était suffisant pour couvrir toute la séquence sur les vieux boulevards, qui devait être jouée plus tard à Hollywood par Maurice Chevalier et Louis Jourdan.

RAPPORTS LABORATOIRE

(Ou rapports image, ou rapports caméra — *camera reports*)

Aux U.S.A., en Grande-Bretagne, en Allemagne, en U.R.S.S., ce sont les seconds assistants à la caméra, c'est-à-dire ceux qui chargent et déchargent les bobines de pellicule, qui font la *claquette* (après avoir demandé le numéro à inscrire à la scripte), et ensuite remplissent les *rapports image* (après avoir vérifié avec la scripte ainsi qu'avec le son les prises à tirer) avant de les expédier tous les soirs au laboratoire, dans les boîtes pellicule qu'ils confient à la régie. En France, en Belgique, en Italie, au Japon, ce sont les scriptes qui remplissent les rapports caméra[1].

Vous vous êtes rendu compte dans les pages précédentes que, pour remplir vos brouillons *montage*, il fallait avoir des notions de photographie, de cadrage par rapport à l'objectif choisi, à la distance et au diaphragme, afin de comprendre le jargon des opérateurs. De même, pour remplir les *rapports image*, il vaut mieux avoir une idée des différents formats de pellicule et d'image[2].

Formats de pellicule et d'image

• *Formats de pellicule :* 8 mm ; Super 8 ; 9,5 mm ; 16 mm ; 35 mm et 70 mm.

---

1. Il avait été question, à une époque, qu'elles fassent aussi ceux du son. Tollé général ! Elles ont refusé aussi de faire signer les feuilles de présence des figurants, ce qui est le travail de la régie.
2. Vers les années 60, le son étant passé du support optique au support magnétique et l'assistant du son, ou *recorder*, ayant été supprimé, l'ingénieur du son a été obligé de faire ses propres rapports en quatre exemplaires (comme pour l'image) : l'original pour le repiquage, le deuxième pour le montage, le troisième pour la régie ; quant au dernier, il le garde pour lui. Il fait un rapport par bobine de pellicule magnétique, qu'il numérote dans l'ordre de son utilisation (le son magnétique ne fait pas de chutes utilisables comme c'est le cas avec la pellicule image). Voir modèle page 128.

● *Formats d'image :* sans rentrer dans les détails, sachez que le format standard en 35 mm est de 1 × 1,33, c'est-à-dire dans une proportion de 4 de large sur 3 de haut ou bien le 1 × 1,66 avec un cache. Pour le CinémaScope, avec une pellicule de 35 mm vous obtenez avec un anamorphoseur un format d'image de 1 × 2,55 (et en Vistavision : 1 × 1,85), en Todd AO, avec une pellicule de 70 mm, vous obtenez un format d'image de 1 × 2,20, etc.

Cadences

Il faut faire la différence entre *cadence* ou défilement et *durée* de tournage ou de projection.

La *cadence de défilement* ou de passage des films se compte en images/seconde (nombre d'arrêts de la pellicule, aussi bien derrière la fenêtre de la caméra qui filme que derrière celle du projecteur en salle), calcul rectifié par notre persistance rétinienne. Pour restituer correctement le mouvement, l'essentiel est que les cadences de prises de vues et de projection soient identiques. L'image télévisée est une image en mouvement décomposée par l'émetteur, recomposée par le récepteur, et qui est reproduite par la vibration d'un point lumineux explorant l'écran en 1/25 de seconde (84 000 points par 1/25 de seconde ; alors que l'image cinéma a un mouvement qui naît de 24 images immobiles au départ).

A l'époque du muet, la cadence du cinéma professionnel en 35 mm était de 16 images/seconde (correspondant à un tour de manivelle de l'opérateur). Actuellement, les films d'amateurs en 16 mm, 9,5 mm et 8 mm sont toujours *pris* et *passés* à 16 images/seconde. Tandis que pour les films commerciaux en 35 mm et en 16 mm, depuis le parlant la cadence de 24 images/seconde s'est imposée pour des raisons techniques (vitesse correspondant le mieux à la restitution du mouvement et meilleurs enregistrement et reproduction du son). C'est pourquoi les films muets qui avaient été tournés à 16 images/seconde, donnent, lorsqu'ils sont diffusés de nos jours avec des projecteurs dont la cadence est de 24 images/seconde, une impression de rythme saccadé et rapide.

Aujourd'hui, quand on veut *accélérer* le mouvement d'une voiture, on tourne à 8 ou 12 images/seconde (*undercranked*) et on projette à 24 images/seconde dans une salle ou à 25 images/seconde à la télévision. Mais lorsqu'on veut donner une impression de *ralenti*, on tourne à 48 images/seconde (*overcranked*) et on projette à 24 images/seconde.

Quand on change la vitesse de la caméra en ramenant le compteur à 16, 12 ou 8 images/seconde, les opérateurs changent le diaphragme, mais c'est souvent à la scripte de rappeler au metteur en scène de faire ralentir le pas de la figuration si l'on veut uniquement donner l'impression à la projection que la voiture va vite.

On s'émerveille, dans certains documentaires, de voir l'éclosion d'une fleur ou la transformation d'un têtard en grenouille. En fait, cela a été filmé patiemment, à raison de quelques images par jour pendant plusieurs jours, grâce au procédé utilisé dans les films d'animation de la "prise de vues image par image", et projeté ensuite en défilement normal, c'est-à-dire 24 images par seconde (ou 25 à la télévision).

Si l'on faisait démarrer en même temps et à la même vitesse (c'est-à-dire à 24 images/seconde pour être synchrone) une caméra 35 mm et une 16 mm professionnelle, toutes les deux chargées d'une bobine de 122 mètres, on constaterait au bout de 4 minutes et 16 secondes qu'il faut recharger celle de 35 mm car elle a consommé ses 122 mètres, tandis que celle de 16 mm marque au compteur 72 m, soit de quoi filmer encore une fois et demie la même scène, puisqu'elle n'en a consommé que $122 - 72 = 50$ mètres. On peut dire aussi que la caméra 35 mm a consommé deux fois et demie plus de pellicule que celle de 16 mm dans le *même* temps et à la *même* vitesse, et cela en termes de *hauteur d'image* par seconde, mais pas en termes de *nombre d'images* par seconde. En effet, la dimension d'une image en 35 mm est de 19 mm de haut, tandis qu'une image en 16 mm est de 7,6 mm, soit deux fois et demie plus petite. (Le métrage en 16 mm représente les 2/5 du métrage en 35 mm ; voir tableau comparatif des divers formats.)

Conversions

Quand vous chronométrerez une scène de 1 minute (soit 60 secondes), il vous faudra automatiquement penser : cela fait 30 mètres ou 90 pieds en format 35 mm, et cela fait 11 mètres ou 40 pieds en 16 mm. Le travail de la scripte consiste, *entre autres*, à signaler rapidement en cours de tournage s'il reste assez de pellicule pour refaire une prise ou s'il vaut mieux recharger, compte tenu du temps et de la pellicule qui défile à partir du moment où le metteur en scène demande le "Moteur" et jusqu'à ce qu'il dise "Coupez"... Il est donc préférable de connaître par cœur certaines correspondances entre secondes, mètres et pieds, non pas à la virgule près, mais suffisamment pour vous faciliter la vie sur un tournage. Par exemple : 1 mètre = 2 secondes en 35 mm, soit un rapport du simple au double entre les mètres et les secondes. Quand vous arrivez à la minute, transformez-la automatiquement en 60 secondes, que vous divisez par 2 pour obtenir des mètres, soit 30 m. Ayez toujours à l'esprit un *ordre de grandeur* dans les équivalences pour vous éviter de grossières erreurs.

● *Pour un tournage en 35 mm*

Quand mon chrono indique 40 secondes à la fin d'une répétition, je divise mentalement 40 par 2 et j'obtiens 20 (mètres pour moi), que je multiplie illico par 3 et j'obtiens 60 (pieds pour moi). Cela vaut quand on tourne avec des caméras dont le compteur affiche des pieds uniquement (Mitchell, Panavision, Movie Cam).

● *Pour un tournage en 16 mm*

Quand mon chrono indique 30 secondes, je divise automatiquement par 5 et j'obtiens 6 (mètres), que je multiplie toujours par 3 si le compteur affiche des pieds, et j'obtiens 18 (pieds).

En 16 mm	1 bobine de 33 m = 100 pieds = 2'40
	1 bobine de 60 m = 200 pieds = 5'20
	1 bobine de 122 m = 400 pieds = 11 minutes par excès

| En 35 mm | 1 bobine de 122 m = 400 pieds = 4' par défaut (ou 4'16") pour être précis |
| | 1 bobine de 305 m = 1 000 pieds = 10' par défaut (ou 10'40") |

Pour les films en 35 mm, on exprime souvent la durée et la longueur d'un film par le nombre de bobines de 305 m de 10 minutes chacune, et l'on dira qu'un film de 1 h 40 fait 10 bobines.

Mais pour arriver à ces 10 ou 11 bobines représentant la *copie standard* d'un film, c'est-à-dire ce produit fini, monté, mixé, émondé de toutes ces prises supplémentaires, il en a fallu, des boîtes de pellicules de calibres différents et d'émulsions variées ! De 100 à 150 boîtes au minimum pour des films de huit semaines environ. Pour des tournages de 4 à 5 semaines comme *Mélo* d'Alain Resnais, ou *Palazzo mentale* de Georges Lavaudant (adaptations cinématographiques de pièces de théâtre très bien préparées), il n'a été consommé que 65 à 90 boîtes (voir tableau comparatif).

N.B. : Si on voulait être plus précis, il faudrait ajouter à toutes ces journées de tournage les heures supplémentaires faites certains jours, mais c'est un travail de directeur de production. Quant à mon minutage, au dernier jour de tournage, il ne contient pas les stock-shots, banc à titre, générique, plans deuxième équipe, bref tout ce qui se tourne après, pour certains films, ni les coupes sombres faites beaucoup plus tard au montage, pour d'autres...

Années de tour- nage	Films	Nbre de jours de tournage	Métrage	Nbre de boîtes 305 m	Nbre de boîtes 122 m	Minutage fin tournage	Nbre de plans tournés
1958	Hiroshima mon amour	41	27 544	44	45	1 h 27'15'' + stock shots 1 h 31	532
1960	Zazie dans le Métro	86	46 450	361	18	1 h 35'10'' 1 h 32	700
1961	L'Année dernière à Marienbad	59	34 750	115	20	1 h 35' 1 h 33	422
	Donnez-moi dix hommes désespérés	57	31 098	190	44	1 h 35'	595
	Vie privée	64	44 158	117	85	1 h 57'05''	600
1962	Et Satan conduit le bal	35	16 289	0	138	1 h 32'30''	393
	L'immortelle	50	20 284	39	48	1 h 33'35''	385
1963	Muriel	69	31 903	54	137	1 h 47'12'' 1 h 36	977
	Dragées au poivre	32	25 431	73	30	1 h 42'25''	402
	Les Veuves	36	22 495	54	52	1 h 39'10''	401
1965	La guerre est finie	81	42 100	71	125	2 h 04'52'' 2 h 01	870
1967	Je t'aime, je t'aime	57	27 425	0	234	2 h 51'05'' 1 h 31	253
1969	The Only Game in Town	87	93 000 + USA	278 + USA		2 h 12'10'' + USA	535 séq. 900 plans + USA
	Le Dernier Saut	44	29 351	47	5	1 h 59'25''	593 plans
	Hello & Goodbye	72	58 700	176	0	2 h 21'20''	180 séq. 665 plans
1970	Le Chat	47	21 265	47	59	1 h 33'20''	554 plans
1972	Le Bar de la Fourche	40	20 280	39	83	1 h 48'	85 séq. 295 plans
	État de siège	71	47 640	281	132	2 h 30'	221 séq. 835 plans
	Far West	52	27 558	51	106	2 h 01'30''	100 séq. 524 plans

Années de tournage	Films	Nbre de jours de tournage	Métrage	Nbre de boîtes 305 m	Nbre de boîtes 122 m	Minutage fin tournage	Nbre de plans tournés
1973	Lacombe Lucien	65	49 458	0	422	2 h 54'	1 020
1974	Stavisky	76	38 738	106	68	2 h 00'20'' 1 h 55	852
	Section spéciale	56	41 708	117	71	2 h 13'25''	842
1975	Il pleut sur Santiago	91	42 358 + Varna	93 +	127 +	2 h 30'40''	214 séq. 788 plans
1976	Le Locataire	76	77 581	219	117	2 h 39'20'' 2 h	205 séq. 531 plans
	Portrait de groupe avec dame	58	49 033	109	132	2 h 14'25''	106 séq. 717 plans
1978 1979	Tess	155	121 840	357	185	3 h 02'	206 séq. 797 plans
1981	Missing	65	64 300	204	26	2 h 16'10''	144 séq. 464 plans
	Une jeunesse	42	31 856	103	13	1 h 54'05''	125 séq. 291 plans
1982	Le Père Noël est une ordure	50	47 621	107	139	1 h 50'25''	898 plans
	La vie est un roman	66	35 376	50	89	1 h 52'05'' 1 h 50	703 plans
1983	Hanna K	58	47 313	133	89	1 h 44'05'' 1 h 50	83 séq. 470 plans
	Papy fait de la résistance	62 1re équ. 19 2e équ.	55 942	184	99	2 h 02'05''	150 séq. 929 plans
1984	Mistral's Daughter (2e équipe)	45	58 000	169	55	3 h 54'25''	225 séq. 995 plans
1985	Pirates	162	100 200	226	221 réduit à	2 h 30'30'' 2 h 04'	152 séq. 847 plans
	Conseil de famille	70	64 033	163	141 réduit à	2 h 38'30'' 2 h 07'	138 séq. 936 plans
1986	Mélo	23	24 650	79	14	1 h 45' 1 h 52'	11 séq. 107 plans
	Palazzo mentale	23	Soit 7 685 m en 16 mm 19 212 en 35 mm		63	2 h 07'50''	7 séq. 290 plans
1987	Frantic	86	89 504	259	135	2 h 28' 15''	134 séq. 530 plans

Boîtes et magasins

Dans le commerce, vous trouverez pour le 16 mm des boîtes de 30 m, 60 m et 122 m et, pour le 35 mm, des boîtes de 122 m et 305 m. Suivant le budget et le plan de travail du film en préparation, la régie prévoit de 30 000 à 60 000 mètres de pellicule, répartis en général en deux stocks : l'un de pellicule sensible pour les scènes de nuit ou d'intérieurs peu éclairés, et l'autre de pellicule normale pour les extérieurs ensoleillés. Et ces deux émulsions différentes sont elles-mêmes réparties en deux dimensions de boîtes suivant le genre de caméra employée et le format des magasins utilisés (ceux de 122 m étant plus petits que ceux de 305 m). En général, il y a trois *grands magasins* et trois *petits*, et je me mets toujours d'accord avec le second assistant à la caméra pour qu'il les *numérote sur chaque face* visible, en grands chiffres romains. Ensuite, nous utilisons les lettres B1, B2, etc., pour *numéroter les boîtes* de 305 m au fur et à mesure de leur passage dans la caméra. En fin de journée, quand on coupe la pellicule pour envoyer ce qui a été impressionné au laboratoire, on *garde* la pellicule qui reste pour le lendemain, en lui laissant le même numéro que la veille avec la mention *bis*. Par exemple, la *chute* de la B3 s'appellera B3 bis et, si on la coupe une fois de plus, B3 ter, etc., et ce jusqu'à épuisement de la chute, avant d'attaquer la B4. Si, pour des raisons de luminosité, on change la sensibilité de la pellicule, on ajoute la lettre X, par exemple. Mais, attention, il faut redémarrer à 1, c'est-à-dire que la première boîte en 305 m (d'émulsion plus sensible) s'appellera BX1, la deuxième BX2, et ainsi de suite. Ainsi, lorsqu'on aura une chute de la BX3, on ne la confondra pas avec celle de la B3, etc. Enfin, nous utilisons A1, A2, A3... pour les bobines de 122 m (ou C1, C2, C3 quand on utilise le Caméflex) et on ajoute un X, soit CX1, CX2, etc. pour l'émulsion la plus sensible, ou AX1... (ce peut être d'autres lettres suivant la caméra employée). Certaines scriptes préfèrent numéroter 1000 la première série d'émulsions correspondant à un certain format, 2000 la deuxième série, etc.

L'essentiel, c'est de s'y retrouver le plus vite possible et sans confusion avec l'assistant opérateur (voir schéma ci-dessous). A vous de choisir, mais ne vous laissez pas influencer par certains opérateurs débutants qui, par facilité ou par paresse, numérotent les boîtes à la queue-leu-leu, quels que soient leur format et leur émulsion. Bonjour la pagaille !... Au début, une stagiaire ne voit pas tout de suite l'utilité de toutes ces différenciations, très utiles, par exemple, pour le chef opérateur quand on part en extérieurs ou que l'on a du dépassement et qu'il doit commander à nouveau de la pellicule ; on sait ainsi exactement quel format et quelle émulsion on a consommé le plus jusqu'à présent.

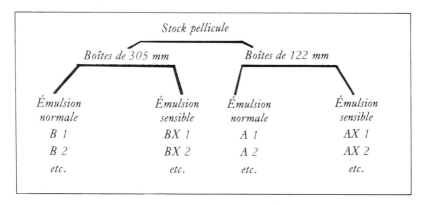

Comptabilité pellicule

Sur les rapports qui n'ont pas de colonne attitrée (avec numéro de bobine et longueur chargée en mètres ou en pieds), je note en encadré (au-dessus du numéro du plan) :

• Dans la 1re colonne, le numéro de la scène et du plan.

• Dans la 2e colonne, le numéro de la prise.

• Dans la 3e colonne, le métrage début affiché au départ compteur.

• Dans la 4e colonne, une fois la prise tournée, le métrage fin affiché à l'arrêt compteur.

• Dans l'avant-dernière colonne, le métrage de la prise entourée (c'est-à-dire bonne à tirer et à voir aux *rushes*). Ce métrage est obtenu par soustraction (le chiffre le plus petit ôté du plus élevé).

• Dans la dernière colonne, les remarques importantes : si c'est un plan tourné en intérieur ou extérieurs ; quel effet de lumière est désiré par l'opérateur ; si la prise est sonore, avec son témoin ou muette ; si on a tourné en accéléré ou au ralenti ; le nombre d'images à la seconde, etc.

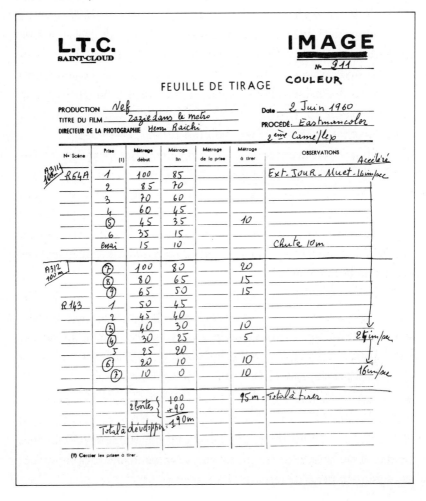

A la fin de chaque page, je totalise en bas de l'avant-dernière colonne le total des prises à tirer, que je reporte à la fin de la journée de travail sur la dernière page des rapports laboratoire. Ainsi, j'ai tous les *totaux à tirer* quotidiennement.

En cas de tournage en 16 mm, le laboratoire préfère tirer en positif la bobine complète pour ne pas risquer d'abîmer le négatif original en extrayant uniquement les bonnes prises à tirer. Ce qui fait qu'en fin de journée, votre total de pellicule *à tirer* correspond à celui de votre pellicule *à développer* (c'est-à-dire le total négatif utilisé). Comme vous remplissez une page par bobine en 16 mm, cela fait autant de rapports, autant de bobines à envoyer au laboratoire. Le travail comptabilisé est donc simplifié. Tandis qu'en 35 mm, le laboratoire ne tire que les prises entourées (car le traitement revient beaucoup plus cher) et il vous faut souvent deux pages par bobine de 305 m. Tirez un trait pour séparer les bobines sur la même page.

C'est toujours sur la dernière page de la journée que je reporte, en bas de la 4e colonne arrêt compteur, le total pellicule de chaque boîte utilisée et que j'additionne tous les totaux pour avoir le total négatif quotidien. Chaque chiffre correspondant à une boîte, j'ai ainsi, *primo*, le *nombre de boîtes* consommées ce jour, *secundo*, le total *à développer* du négatif de la journée et, *tertio*, le total *à tirer* du positif de la journée en bas de la 5e colonne.

• *Une erreur fréquente*, quand on débute, est celle qui consiste à additionner à la queue-leu-leu tous les chiffres de la 4e colonne pour obtenir le total à développer, alors que le chiffre exorbitant obtenu variant entre 500 et 900 mètres devrait choquer, puisqu'il ne peut dépasser la quantité chargée, soit 122 ou 305 mètres au maximum !

• *Attention*, si le total à *tirer* en 35 mm est presque égal ou supérieur à celui à *développer*, c'est que vous avez fait une erreur de calcul : il doit être obligatoirement inférieur, puisqu'on n'entoure que les bonnes prises. Cela arrive quand on tourne aussi dans une même journée avec deux caméras différentes, l'une avec compteur progressif, c'est-à-dire allant de 0 à 122 ou 305 m, et l'autre avec compteur dégressif, c'est-à-dire allant de 122 à 0 m.

● Autre source d'erreurs : le cas où une caméra a un compteur en mètres et l'autre en pieds[1]. *Attention*, n'additionnez jamais les pieds et les mètres. Prenez alors un cahier de rapports image différent pour chacune des caméras (évidemment, cela alourdit encore un peu plus votre sacoche). Vous faites les totaux de chacune séparément et, en fin de journée seulement, vous transformez les pieds en mètres ou vice versa (selon que vous travaillez pour une production française ou étrangère) et vous additionnez le tout.

Chaque fois qu'on est obligé de changer de boîte ou de couper la pellicule, n'oubliez jamais de noter *la chute* (c'est-à-dire ce qui reste dans la boîte) au bas de la dernière colonne, juste avant de tirer le trait de changement de bobine. La chute s'obtient en soustrayant le métrage de fin de bobine du total chargé au début de cette même bobine (sauf dans le cas des compteurs dégressifs où, évidemment, c'est le métrage de fin de boîte qui correspond à ce qui reste).

Et *tous ces totaux* de pellicule à développer, à tirer, et le nombre de boîtes utilisées suivant leur format — je compte une demi-boîte quand on est arrivé aux alentours de *50 à 60 m* pour des boîtes de 122 m, ou quand on est arrivé aux alentours de 140 à 160 m pour des boîtes de 305 m. Au-delà, je compte la boîte complète, même s'il reste une chute de 30 m — sont à reporter, avec bien d'autres renseignements, sur les rapports production.

---

1. *Exercice pratique* : En fonction de la feuille de tirage de *Zazie dans le métro*, où j'ai obtenu 190 m à développer au bas de la 4e colonne, qui est le total de 100 m − 10 m = 90 m pour la boîte A311 et de 100 m − 0 m = 100 m pour la boîte A 312, calculez dans la colonne vierge la longueur de chaque prise. Vous devriez trouver le même résultat, soit *190 m.*

RAPPORTS PRODUCTION

Il s'agit d'un rapport administratif quotidien apportant des renseignements chiffrés sur la journée de travail terminée (tant qu'il reste un insert ou un plan à tourner dans une séquence, on ne peut pas la "faire tomber"). Il faut reporter :

1. Le *nombre de séquences* complètes et incomplètes tournées ce jour, ainsi que le nombre de plans et leur numéro ;

2. Les deux *totaux pellicule* indiqués sur les rapports laboratoire et le métrage utile de la journée ;

3. Les *présences d'acteurs*, petits rôles et figurants, sans oublier de noter, dans la case spéciale, les noms de ceux qui n'ont pas été utilisés et sont restés en *stand by* (ils ont été maquillés et habillés mais n'ont pas tourné) ;

4. L'*heure de début et de fin de tournage* pour toute l'équipe.

Dans les pays anglo-saxons, ce sont les assistants à la mise en scène qui recueillent tous ces renseignements auprès de la scripte, de l'assistant opérateur, du photographe, du son, du chef électricien, et notent les lieux de tournage, le personnel supplémentaire, le service d'ordre, les véhicules, les animaux, les présences d'acteurs, petits rôles et figurants, d'après la feuille de service, avec leur heure d'arrivée sur le lieu de tournage, l'heure de maquillage, l'heure d'arrêt repas pour chaque acteur, l'heure de reprise et l'heure où ils ont quitté le plateau (c'est tout juste s'ils ne sont pas obligés de noter à quelle heure ils sont allés aux toilettes !).

Chez nous, les rapports de présence comédiens sont moins complexes, mais j'ajoute quotidiennement, entre parenthèses, le nombre de leurs cachets à ce jour. Aux États-Unis, le nombre de pages ou de huitièmes de page tournés quotidiennement est exigé en plus.

Fort de tous ces renseignements, le directeur de production peut dire si l'on est en retard ou non par rapport au plan de travail initial, et si l'on a consommé trop de pellicule ou si l'on est dans les normes par rapport au budget prévu. En France, la scripte a davantage de responsabilités puisqu'elle soulage l'assistant opérateur des rapports laboratoire et l'assistant metteur en scène des rapports production.

Donc, en fin de journée, la scripte, ayant terminé ses comptes pellicule, n'a plus qu'à reporter les différents totaux dans les cases correspondantes (voir exemple *Frantic* pp. 72-73). *Attention* à ne pas vous tromper de case, ce qui fausserait tous les calculs et vous obligerait à remonter jusqu'au jour où vous aviez, par mégarde, reporté le total pellicule à développer de ce jour dans la case total à tirer. Je vous en parle en connaissance de cause !

5. Le *minutage journalier*, qui n'est pas la somme des minutages de toutes les prises faites ce jour (ce qui correspondrait au métrage négatif à développer) ni la somme des minutages des prises entourées (cela correspondrait au métrage positif à tirer pour la journée), ni non plus la somme des prises de chaque plan tournées ce jour et mises bout à bout. Ce minutage était valable dans les anciens découpages, où chaque numéro de plan correspondait à une scène. De nos jours, où une même scène est tournée plusieurs fois dans toute sa longueur (en P.E. d'abord, puis en plan taille, puis en G.P. en reprenant le même texte, tantôt sur un protagoniste et tantôt sur l'autre), il ne faut garder que le minutage du plan principal, le fameux "master shot" qui, en général, englobe tous les autres. D'où l'utilité des flèches sur votre découpage avec leur minutage réel respectif, car vous voyez ainsi, immédiatement, combien de fois une même scène a été couverte et d'où à où (voir "Pratique"). Les chevauchements vous sautent aux yeux et vous les éliminez plus facilement pour calculer votre *minutage utile* quotidien. En fait, on vous demande, à ce stade, des notions de montage (qu'il est indispensable d'acquérir en faisant un stage de montage dans un long métrage de fiction). Exigez avant chaque film le temps

d'une bonne préparation, car le *minutage préalable* que vous aurez fait séquence par séquence vous donnera un ordre de grandeur qui vous aidera à contrôler (par comparaison) celui que vous trouverez à la fin de chaque séquence tournée. De ce *minutage utile*, qui correspond souvent à un premier bout-à-bout, vous transformez les minutes et secondes en mètres (voir tables pp. 202 et 203) pour obtenir le *métrage utile* des plans ne faisant pas double emploi et collés l'un derrière l'autre, une fois ôtées les claquettes et les fins de prise.

6. A la fin de chaque semaine, *première vérification*, avec la dernière en date dans les rapports production ; je transforme le total du métrage utile en minutes et secondes et vérifie s'il correspond à mon total minutage utile... Sinon, une erreur a dû se glisser, soit dans mes transformations, soit dans mes reports de chiffres (j'ai peut-être sauté une page ou une colonne). Puis *deuxième vérification :* toujours relativement au rapport production, je multiplie le total trouvé à ce jour des boîtes de 305 m par 305, et le total des boîtes de 122 m par 122, j'additionne le tout et je dois trouver un chiffre supérieur à celui du total négatif à développer ce jour (la différence entre les deux représentant les *chutes* vierges disponibles).

7. Le calcul des *fractions de page* tournées chaque jour. Ce travail supplémentaire en fin de journée vous est demandé uniquement dans les films anglo-saxons. Vous divisez à l'avance chaque page de votre script en 1/2, 1/4 et 1/8 de page en prenant pour base de calcul : 1 page = 4/4 = 8/8 ; 1/2 page = 2/4 = 4/8 ; 1/4 page = 2/8. Donc, si vous tournez dans la journée trois scènes de 1/8 de page chacune, plus une de 1/2 page, votre total pour aujourd'hui sera de 3/8 + 4/8 = 7/8, ajouté au total précédemment tourné qui se montait, par exemple, à 3 pages 1/4, vous obtenez un nouveau total de 3 p 2/8 + 7/8 = 3 p 9/8, c'est-à-dire 4 p 1/8 et, par rapport au total de pages du script qui se monte à 119 p 1/2, il vous restera à tourner 119 p 4/8 − 4 p 1/8 = 115 p 3/8. Là aussi, le rôle des flèches est très important. Une fois la demi-page comptée, si le lendemain vous faites un plan supplémen-

PRODUCTION _Warner - "Frantic"_
DIRECTOR _R. Polanski_
PROGRESS REPORT No. _10_
DATE _Wednesday May 6th 87_

STARTED		FINISH DATE	SCENE NUMBERS _134_

		LOCATION OF WORK/SET	COMPLETED
ESTIMATED DAYS		_Pont de Grenelle - Glaces cygnes_	_117(1-2-3-4-5)compl_
DAYS TO DATE		_Dawn_	_118(1-2-) incompl._
REMAINING DAYS			
OVER			
D...S UNDER			

TIME			SCRIPT SCENES _134_							SLATE NUMBERS
			SCRIPT		compl EXTRA autre		RETAKES			117/1 -117/2-117/3-
CALL	5am		NUMBER	MINUTES	NUMBER	MINUTES	NUMBER	MINUTES		117/4 -117/5-118/1-
1st SET-UP COMP.	6.15am									118/2
LUNCH FROM	12	PREV. TAKEN	18	20'10						117/6
TO		TAKEN TODAY	1	2'50						SET UPS: Slates
UNIT DISMISSED	1pm 3¾m	TAKEN TO DATE	19	23'00						4 7 53
TOTAL HOURS extra 2hour		TO BE TAKEN	115							8 8
		TOT. SCRIPT SC'NS	_134_	2"	DAILY AVERAGES:					5 5 61

ACTION PROPS & EFFECTS		Pages		ANIMALS	Stand-ins		STILLS			SOUND
4 voitures					R. Alaman(10)			B/W	COLOUR	SOUND
1 bateau moteur	Previously	18 5/8			D. Jacquet (7)	PREVIOUSLY TAKEN	17	36	41	
1 barge "fourche	Today	1 1/8			C. Braisseur(3)					
50 voitures figuration		19 6/8				TAKEN TODAY	5	14	7	
	Total	122 5/8				TAKEN TO DATE	22	50	48	

CONTRACT ARTISTES	W	S/B	RE	Lv. Hotel	Arrive	Lunch	Dismissed	Arr. Hotel	CROWDS	RATE
H. Ford (10)									2	
B. Buckley (7)										
E. Seigner (3)										
J. Volers (1)										
D. Julia (1)										
M. Blumall (1)										
P. Floersheim (1)										
J.C. Houbart (1) (☆)										

année Mare
Konincx

ADDITIONAL CREWS
2nd Unit:
P. Lebègue
F. Bazin
A. Zourabichev
+ 2 grips
+ 1 soundman

CATERING
Cantine 101 pers.

FILM FOOTAGES						STOCK IN HAND
	TOTAL	EXPOSED	SHORT-ENDS	WASTE	PRINT	erreur corrigée par
PREV. USED		29335		1070	13570	la secrétaire de
USED TODAY		5550	1290	7730	3630 ? 3350 !!	production
TOTALS	34885			1300	12290	280 3630

NOTES: _See coll sheet n° 10_

PRODUCTION	"THE PARIS PROJECT" — FRANTIC		PROGRESS REPORT No.	10

DIRECTOR   ROMAN POLANSKI

DATE   <u>WEDNESDAY, 6 MAY 1987</u>

STARTED	21 APRIL 1987	FINISH DATE	31 JULY 1987

		LOCATION OF WORK/SET	SCENE NUMBERS COMPLETED
ESTIMATED DAYS	69		
DAYS TO DATE	10	PONT DE GRENELLE - ILE AUX CYGNES	117.
REMAINING DAYS	59	DAWN START	118 pt.
DAYS OVER / UNDER			

TIME

										SLATE NUMBERS
CALL	5.00am		**SCRIPT SCENES**							117/1-117/2-
1st SET-UP COMP.	6.15am		**SCRIPT**		**EXTRA**		**RETAKES**			117/3-117/4-117/5
LUNCH FROM	12noon		NUMBER	MINUTES	NUMBER	MINUTES	NUMBER	MINUTES		118/1-118/2-
TO	1.00pm	PREV. TAKEN	18	20'10"						117/6
UNIT DISMISSED	3.45pm	TAKEN TODAY	1	2'50"						SET UPS: SLATES
TOTAL HOURS		TAKEN TO DATE	19	23'00"						47 53
		TO BE TAKEN	115	112'00"						8 8
		TOT.SCRIPT SC'NS	134	135'00	DAILY AVERAGES:	2'18"/ 1 + 7/8 pgs				55 61

ACTION PROPS & EFFECTS	PAGES			STILLS			SOUND
					B/W	COLOUR	SOUND
4 CARS	Prev.Taken:	18 + 5/8					
1 MOTOR BOAT	Taken Today:	1 + 1/8	PREVIOUSLY TAKEN		17	36	41
1 BARGE "GAVROCHE"	Taken To Date:	19 + 6/8					
50 CROWD CARS	To be Taken:	102 + 7/8	TAKEN TODAY		5	14	7
	Tot.Script Pages:	122 + 5/8	TAKEN TO DATE		22	50	48

CONTRACT ARTISTES	W	S/B	RE	Lv. Hotel	Arrive	Lunch	Dismissed	Arr. Hotel	CROWDS	RATE
HARRISON FORD	10			4.15am	4.30am	M.P.	4.00pm	4.15pm	2 EXTRAS	
BETTY BUCKLEY	7			4.15am	4.30am	M.P.	4.00pm	4.15pm		
EMMANUELLE SEIGNER	3			3.30am	4.00am	M.P.	4.00pm	4.15pm		
JORGO VOYAGIS	SW1			4.30am	5.00am	M.P.	4.00pm	4.15pm		
DAVID JALIL	SW1		OT		5.00am	M.P.	4.00pm	4.15pm		
MARCEL BLUWAL		s/by	at home							
PATRICK FLOERSHEIM		s/by	at home							
JEAN-CLAUDE HOUBARD (*)		s/by	at home							

(*) Not a contract
    artist. Part of
    Rémy Julienne Car
    Unit

STAND-INS:

									ADDITIONAL CREWS
RICHARD ALLAMAN	10		OT	4.30am	M.P.	4.00pm	OT		PASCAL LEBEGUE (Camera)
DANY JACQUET	7		OT	5.30am	M.P.	4.00pm	OT		FLORENT BAZIN (")
CATHY BRASSEUR	3		OT	4.30am	M.P.	4.00pm	OT		GUY GUERMOUH (Gerny Operato

DANIEL BRETON/STUNT CO-ORD
FABRICE HOUY/EQUIPE REMY
                  JULIENNE

CATERING

101

FILM FOOTAGES

	LOADED	EXPOSED	PRINTED	WASTE	TOTAL	S/E IN HAND	USED PREV.+ TODAY
PREV. USED	36410	29335	13570	1070	30405	2115'	5110'
USED TODAY	7000	5550	3630	230	5780		
TOTALS	43410	34885	17200	1300	36185		

NOTES: ARRIVAL OF MARC KONINCKX / STEADICAM OPERATOR - FROM BELGIUM: PLUS STEADICAM.
      6 HIRED MOTOR VEHICLES (4/ENGLAND AND 2/FRANCE) ON LOCATION

TIM HAMPTON

G&H/PR 1/12/84

taire recouvrant la même portion de scène, il ne faudra pas recompter cette demi-page, évidemment. Si, au début de cette brochure, j'ai pu vous faire sourire avec les aptitudes requises, vous devez commencer à comprendre que je n'exagérais pas, question calcul mental.

8. Le calcul des *heures supplémentaires* au-delà de 8 heures de travail par jour et au-delà de 39 heures par semaine (voir barème convention collective).

LE JOURNAL DE BORD *(DAILY LOG)*

Je n'aime pas l'appellation de *mouchard* qu'on lui donne souvent. C'est un compte rendu détaillé de la journée d'une équipe, avec :

• L'heure de départ et d'arrivée sur les lieux du tournage ;

• L'heure à laquelle on commence la mise en place du premier plan et son importance ;

• L'heure à laquelle on commence l'éclairage ;

• L'heure à laquelle on commence les répétitions ;

• L'heure à laquelle on commence le tournage du premier plan avec son numéro de clap et le nombre de prises correspondantes ;

• L'heure à laquelle on commence le deuxième plan de la journée, etc.

• Le temps mis à plier bagages, à remballer le matériel et à s'installer à nouveau quand il y a déplacements de lieu ou interruptions dans la même journée... On signale *surtout* les accidents ou les causes de retard, les pannes, le mauvais temps, les avaries, etc. et les heures supplémentaires en fin de journée, avec l'heure d'arrêt tournage, et l'heure d'arrêt repas.

Quand j'ai une stagiaire, la première chose que je lui apprends à rédiger, c'est le rapport horaire, pour qu'elle prenne conscience de l'importance du travail de chacun dans la préparation d'un plan, du temps mis en fonction de sa difficulté d'exécution et des moyens mis en œuvre. Ce rapport horaire permet au directeur de production de justi-

Samedi 22 Juin 85 1) Ext Radeau pleine mer
                    2) Ext chaloupe   "   "

7ʰ   on embarque matériel sur 2 pontons metalliques Dolly- groupe électrogène
                                        (2 caméras- sur-axles, etc
7ʰ45 Départ radeau en pleine mer pour sép. 2.   mât de rechange 24

8ʰ   on installe ponton pour plein en caisse Red sur hanche Frog
8ʰ30 Mais soleil encore trop bas   on décide de monter mât
      qui doit se casser + voile qui doit tomber en attendant.

9ʰ40 Tournage 2/21 (3 prises)
9ʰ55 Tournage 2/22 (3 prises) il faut remettre en place la voile entre
      les prises ainsi que les cordages

(2ᵉ accid) Nadia Elfani a reçu le 2ᵉ ponton sur pied droit qui enfle
10ʰ25 Tournage 2/23 (5 prises) P.R. Frog en haut du mât
10ʰ50 on met en place la chute du mât
11ʰ15 Tournage 2/24 (2 prises) Frog tombe du mât
11ʰ30   "   "   2/25 (5 prises) Red + Frog qui tombe derrière lui
11ʰ55   "   "   3/5 (4 prises) G.P. Réaction de Red
12ʰ15 on finit le ponton en hors bord pour la cantine
12ʰ25 Arrêt déjeuner

13ʰ25 on retourne sur ponton
13ʰ35 Mise en place retake morsure par temps houleux.
14ʰ10 Tournage 2/26 (4 prises)
14ʰ20 on décroche radeau qui rentre au port pour installer à la place
       la chaloupe pour séquence finale 151 avec trône, voile, jambonnes
       flacon de rhum + Play back Sarde "Il était un petit Navire = "
14ʰ40 la mer très agitée .
15ʰ00 Tournage 151/2 (6 prises) Pl à 2 - Master shot.
15ʰ35 Tournage 151/3 (2 prises) P.R. Red (la mer de plus en plus agitée)
                                                          temps
15ʰ50 on a juste le temps de faire sortir les acteurs de la
       chaloupe qui est pleine d'eau et qui se met à couler
       les accessoiristes essayent de récupérer les rames, la voile, le jambon, etc.
16ʰ   on rentre au port de justesse .
16ʰ10 on débarque matériel qu'il faut sécher car les caisses camé-
       méra ont pris l'eau .

fier auprès du producteur un retard éventuel par rapport au plan de travail, et, en cas d'accident au laboratoire sur la pellicule négative (rayure ou panne de machine...), de se faire rembourser par les assurances au prorata du temps mis à préparer, éclairer, répéter et tourner chacun des plans sinistrés (ce qui peut atteindre plusieurs millions de francs). Ce journal de bord prend aussi toute son importance dans le cas d'un accident corporel ou du décès d'un acteur pendant le tournage du film.

LES RACCORDS

Les assurances ne remboursent rien si on refait un plan ou une séquence à cause d'un mauvais raccord de lumière, de mouvement, de costume ou d'acteur (qui n'aurait plus dû être là, par exemple, puisque tué dans la séquence précédente). Elles ne remboursent rien non plus si, après le tournage, une fois le montage commencé, le metteur en scène se rend compte qu'il a besoin de tourner des "raccords" : paysages, passages de voitures, train ou bateau, inserts ou gros plans, pour écourter une séquence trop longue, trouver un lien entre deux scènes qui se juxtaposent mal, ou améliorer le jeu d'un interprète, etc. Voyons d'un peu plus près ce que recouvre ce terme si général de "raccord". Que disent les dictionnaires ?

a. "Ajustement de deux parties ou plans d'abord séparés d'un ouvrage" (raccord de fin de plan avec raccord début d'un autre plan).

b. "Élément technique permettant de relier deux longueurs bout à bout" (plan additionnel ou plan de coupe).

c. "La touche comblant une solution de continuité dans une peinture" (faire un raccord maquillage).

d. Au théâtre : "Arrangement qui relie deux scènes d'une pièce à laquelle on fait des coupures"... "Répétition d'une pièce déjà jouée pour (sans filer tout le texte) vérifier des enchaînements ou mettre au point les scènes d'un nouvel interprète". Par exemple : "Faire un raccord pour la doublure qui joue ce soir".

e. Au cinéma : "La scripte surveille les raccords pour éviter, dans le désordre chronologique d'un tournage, qu'un changement injustifié n'intervienne entre deux plans, deux scènes ou deux séquences destinés à s'enchaîner et pouvant être tournés à des moments différents."

De nos jours, c'est de moins en moins le bon raccord qui détermine le choix entre différentes prises. "Si l'on voit que le raccord est mauvais, c'est que les acteurs jouent mal", déclare-t-on souvent sur les tournages. Il vaut mieux néanmoins que tout "coule" bien afin que le spectateur ne décroche pas, par exemple dans une scène dramatique, en remarquant : "Tiens, il a changé de pull-over !" ou bien, dans une scène romantique : "Tiens, ses cheveux ne sont plus mouillés !" La scripte est la seule à avoir constamment la continuité dialoguée sous les yeux : elle pense toujours au plan d'avant et au plan d'après, alors qu'en général toute l'équipe ne pense qu'au plan qu'on tourne. Je pourrais établir une liste exhaustive de tous les raccords possibles et imaginables que vous risquez de rencontrer dans votre carrière (voir tableau récapitulatif), mais vous ne les retiendrez que si je vous raconte une anecdote à propos de chacun. Les mauvais raccords sautent toujours aux yeux. Il en est tout autrement dans la réalité d'un tournage. A quelques heures, quelques jours ou quelques semaines de distance, vous vous retrouvez en face d'un décor et d'acteurs qui ont bougé... Si vous n'avez pas noté scrupuleusement tous les détails vestimentaires la première fois et examiné attentivement votre Polaroïd avant le tournage, vous risquez fort de ne pas remarquer les différences et de faire quelques mauvais petits raccords.

Une scripte, aussi consciencieuse soit-elle, fait toujours quelques erreurs. Dès que vous constatez votre erreur, parlez-en au metteur en scène, c'est lui qui décidera s'il faut refaire le plan ou non. Ainsi, dans *Papy fait de la résistance*, je me suis aperçue trop tard, quand les machinistes commençaient à remballer le travelling, que l'Anglais ne devait plus avoir le chapeau que lui avait prêté puis repris Christian Clavier dans d'autres scènes mouvementées, tournées quinze jours auparavant : Jean-Marie Poiré, très fair-play, m'a dit : "On le retournera la semaine prochaine, quand Jacqueline Maillan reviendra." Dans *Conseil de famille*, une des petites jumelles devait tourner en haut d'un escalier en colimaçon où il y avait tout juste la place pour la caméra en haut des marches. Au bout de la deuxième prise, Muriel, première assistante à la caméra, se penche vers moi, deux marches plus bas : "Je ne crois pas qu'elle était coiffée comme ça"… En effet, elle aurait dû avoir les cheveux droits de chaque côté du visage. Je n'avais pas vérifié la coiffure et m'étais fiée à mon œil accoutumé à voir la fillette en queue de cheval hors tournage. Costa-Gavras a "rouspété" à juste titre, et on a refait le plan. Dans *Le Locataire*, Isabelle Adjani arrivait du fond de la salle d'hôpital avec son écharpe enroulée autour du cou et s'arrêtait au premier plan près de Trekolski (interprété par Polanski). A la troisième prise, elle arrive avec l'écharpe défaite. Dès la fin de la prise, je préviens notre réalisateur-acteur, qui me répond : "Vous auriez dû couper". Or, c'est une chose que je ne me suis jamais permise et que je ne me permettrai jamais. On a recommencé le plan.

Sur le tournage de *Monseigneur* de Roger Richebé, où j'étais stagiaire, la scripte en titre, Marcelle Hochet, m'avait dit d'aller vérifier, juste avant que l'on tourne, en haut de l'escalier monumental ou devait apparaître la comédienne, si sa traîne était bien étalée par terre derrière elle, et si elle avait bien son collier et ses deux superbes pendentifs aux oreilles. Je grimpe donc quatre à quatre et constate avec satisfaction que notre actrice était bien raccord ; elle bavardait de profil, en attendant le clap. Je redescends tranquilliser la scripte, et la musique démarre. Notre actrice vedette apparaît alors, majestueuse, en haut à droite au-dessus de la balustrade et s'achemine de profil gauche jusqu'en haut des marches, puis elle se met de face pour descendre l'escalier. Mais, horreur ! son oreille droite était dépourvue de pendentif. Heureusement, il a fallu refaire la scène pour une autre raison. J'ai toujours des problèmes avec les actrices à qui les boucles d'oreilles font mal. Six ans plus tard, j'étais scripte sur *Les Carnets du major Thompson* de Preston Sturges. Un soir, en projection, j'ai failli avoir une attaque cardiaque quand j'ai vu Jack Buchanan en plan pieds et en complet uni alors qu'il était en prince-de-galles dans le plan précédent ; je me demandais comment j'avais pu laisser passer pareille faute, quand, petit à petit, la caméra sur travelling se rapproche de lui et, ô joie, les lignes du costume prince-de-galles se sont dessinées de plus en plus nettement.

On est toujours à la merci d'un mauvais raccord dans la panique d'un tournage, et il faut compter avec les modifications qui surgissent à la dernière minute : ordre des plans bouleversé, changement de lieu de tournage, etc. C'est pourquoi une scripte ne se garantit jamais assez durant la préparation du film et au fur et à mesure du tournage en mettant le maximum de "garde-fous" sur son script en *tête de chaque séquence*. En effet, une séquence n'a pas toujours un rapport direct avec la précédente, mais elle a un *lien* bien précis avec une autre, qui prend place soit plus tôt, soit plus tard dans l'histoire. Ces divers "fils d'Ariane" ne sont pas toujours apparents à la première lecture du scénario. D'où la nécessité de plusieurs lectures, avec chaque fois une optique différente, pour les relier entre eux. Ainsi, dans *Firates*, après avoir fait mon minutage et ma continuité chronologique, j'ai relu le script en ne suivant que le tricorne de Red, et je notais : "Sur tête, blanc de sel, plume arrachée, tombé, mouillé, mordu, sec, à la main", etc. Ensuite je l'ai relu en ne m'occupant que de sa jambe de bois, et je spécifiais en tête ou dans la marge : "Vieille, séchée, mouillée, tailladée, neuve, un peu moins neuve", etc. Puis je n'ai "filé" que les bagues de Red : de quel à quel moment il en avait cinq, puis quatre, puis de nouveau cinq, puis six, etc. Avant de tourner avec la deuxième équipe, je lui avais transmis tous les raccords. On s'était même mis d'accord pour son numérotage de clap, elle utiliserait les mêmes numéros de séquence que la première équipe ; mais ses plans commenceraient à 101 pour les distinguer au montage des nôtres, qui commençaient à 1. Et tout s'est bien passé jusqu'au plan rapproché du rat que la doublure de Red coince avec sa nouvelle jambe de bois sur le pont et met ensuite dans sa poche avec la main qui n'a plus que quatre bagues. En projection, on trouva le rat trop hésitant, et on décida de refaire la scène dès que le dresseur des rats reviendrait pour une autre séquence. Sur ces entrefaites, on a supprimé, pour des raisons d'économie, la scripte puis l'habilleuse de la deuxième équipe, qui elle-même s'est refondue plusieurs fois ; bref, quand ce plan a été retourné un mois après, la main de la doublure de Red attrape le rat avec cinq bagues au lieu de quatre... J'en rougis de honte !

C'est le manque de coordination entre deux équipes qui fait naître souvent les mauvais raccords. Lorsque chaque équipe garde sa scripte du début à la fin du film, tout se passe beaucoup mieux. Ainsi, dans *Les Vikings*, Lucie Lichtig, scripte première équipe, tournant en Norvège, m'envoyait régulièrement un télégramme à Fort-la-Latte, en France, où j'étais scripte deuxième équipe, si Kirk Douglas ou Tony Curtis décidaient de changer de pourpoint ou de ceinture, alors que nous allions tourner l'attaque du pont-levis avec leurs doublures. De même, lorsqu'on tournait *L'Amour en héritage*, elle à Paris et moi dans le Lubéron, nous nous téléphonions dès qu'il y avait un quelconque problème de costume, d'entrée ou de sortie de champ, de regard pour le contre-champ, d'objectif, de distance ou de hauteur caméra. Autres films, autres problèmes. Dans *Le Locataire*, il ne fallait pas confondre les séquences avec bandages et celles sans, les plans où Polanski-Trekolski avait du rouge aux lèvres et celles où il devait être à moitié démaquillé. Dans *Tess*, j'avais bien pensé aux roses fanées quand on revenait dans la ferme des parents, mais j'avais complètement oublié le cheval dans la cour de la même ferme plus tard. Dans *Le Chat* de Pierre Granier-Deferre, il ne fallait pas oublier que Simone Signoret devait boiter dans tous les plans où on la voyait marcher.

Ce qui m'amène aux *raccords de rythme*, qui sont les plus importants tout en étant les plus difficiles à traduire. Il est en effet assez délicat de rappeler à un acteur le rythme de son geste, la façon dont il s'est levé ou assis, l'intonation de ses paroles, ou encore l'ordre dans lequel plusieurs comédiens sont sortis d'une voiture et qui a claqué le premier la portière. Heureusement que l'on n'est pas seul.

● Le metteur en scène est là pour filtrer vos problèmes de raccord de jeu ou de mouvements et expliquer aux protagonistes vos "un peu moins fâché", "un peu plus souriant" ou "très larmoyant", vos "un peu moins vite", etc.

● L'assistant metteur en scène prévoit le ventilateur, l'appareil à faire la neige ou la pluie et les orages, pour raccorder tous les effets spéciaux d'une séquence à l'autre, et envoie la figuration au bon moment.

● L'ingénieur du son est là pour repasser la bande son (si c'est le jour même) et détecter l'interversion de texte, ou vous aider à retrouver (le lendemain) le débit rapide du dialogue ou l'intonation plus chuchotée, ou plus accentuée pour couvrir les bruits d'ambiance.

● L'accessoiriste est là pour vous aider à remettre les meubles à la bonne place et vous rappeler à quelle heure il faut mettre la pendule.

● L'habilleuse vous indique en quels termes décrire un tissu (tweed, chevron, etc.), quels sont les différents styles de chaussures et, pour les films d'époque, comment remettre un baudrier ou des décorations ou qualifier les nuances des teintes passées.

● La maquilleuse et le coiffeur vous demandent de faire un Polaroïd et vous alertent sur la difficulté qu'il y aurait à refaire une cicatrice ou recomposer une coiffure "décoiffée".

● Les électriciens se rappellent sur quel mot ou quel geste ils ont envoyé les effets d'éclair derrière la vitre ou si une lampe de chevet ou une applique est restée éteinte pendant la prise.

● Le cadreur vous tranquillise sur ce qu'il n'a pas dans le champ.

• La secrétaire de production corrige vos erreurs de calcul en retapant au propre vos rapports production.

• Les machinistes sont toujours là pour vous donner les différentes hauteurs de la Dolly ; vous rappeler sur quel mot ou quel geste ils ont démarré, ou le faux départ que vous avez oublié de noter et qui vous décale d'une prise par rapport au clap.

Bref, c'est merveilleux de travailler en équipe et de constater régulièrement que vous avez besoin d'eux aussi souvent qu'ils ont besoin de vous. Car une scripte doit toujours pouvoir répondre aux 7 R d'un plan sur l'autre :

1. Raccord dans l'axe.
2. Regards.
3. Rentrée et sortie de champ.
4. Réflexion dans miroir et 180°.
5. Retournements.
6. Raccord geste sur parole.
7. Rythme déplacements.

Un *raccord dans l'axe*, c'est, par exemple, passer d'un plan genoux à un plan épaules directement. Ainsi, lorsqu'un acteur, censé ne pas bouger d'un millimètre par rapport à la fin du plan précédent, s'est déplacé, le temps que l'on rapproche la caméra, change d'objectif et de diffuseur, modifie un peu l'éclairage, ôte une applique ou un tableau, refasse un raccord maquillage et coiffure. Bref, lorsqu'il reprend sa place un quart d'heure après, transformé et déconcentré, c'est à la scripte et au cadreur de lui rappeler la direction de son regard, tête légèrement penchée, épaule gauche plus en avant que la droite, lèvres entrouvertes, cravate nouée plus serré.
Question *regards*, *réflexions* dans un miroir et *retournements*, prenons un G.P. de femme face à une glace à gauche cadre, tout en parlant à un homme, lui aussi en reflet, à l'arrière-plan à droite cadre. Elle se

tourne vers lui, toujours en reflet, épaule gauche (mais en réalité c'est son épaule droite) fin du plan.

La suite du dialogue et de l'action jusqu'à la sortie de l'homme doit être couverte par un ou plusieurs plans. Où mettre la caméra ?
1re solution : la mettre à la place du miroir, nous faisons alors un 180° un peu brutal qui fait passer la femme au premier plan à droite et l'homme au deuxième plan à gauche, près de la porte de sortie.

2e solution (plus coulée) : la femme n'est plus de face, mais de profil en amorce, toujours à gauche cadre, et l'homme reste encore à droite, comme elle, et toujours de face au fond, jusqu'à sa sortie, par la porte. Dans les deux solutions, il faut raccorder dans le mouvement ; la femme se retourne au début du plan, épaule droite. Il faudra rappeler qu'en fonction de sa sortie (dans la première solution par la porte à gauche et par la porte à droite dans la deuxième) cela risque de changer la mise en place de l'autre séquence quand l'homme passera dans l'autre décor, et ainsi de suite. Si l'un quelconque de ces raccords n'est pas respecté, il est de votre devoir de le signaler dès les répétitions. Le réalisateur peut n'en pas tenir compte, mais il peut aussi vous reprocher de ne lui avoir rien dit.

Pour les *raccords geste et parole*, prenons l'exemple d'une stagiaire scripte assistant au tournage de la petite séquence suivante, décomposée en deux plans : 4/1 plan général de la scène, 4/2 plan rapproché, et observons ses notes. Chaque trait vertical (ou flèche) correspond à une grosseur de plan différente. Les remarques entre parenthèses sont celles qu'elle aurait dû noter.

Séq.4-Jour-Int-Cuisine-	4/1 PE	4/2 PR
L'inspecteur entre à gauche et se tourne face à la caméra (quelle épaule ?)		
(direction du regard ?)	*Inspecteur :* Devinez qui l'a tuée ?	
(En G.P.) il met son chapeau (puis dit :)	Suivez-moi !	
(En P.E. il dit d'abord :)		
(puis met son chapeau) (quelle main ?)		
(immobile ou en mouvement ?)		
	(in)	(off)
Il se dirige vers la porte vitrée PAN GD. (vite ou lentement ?)	Vous ne le regretterez pas !	
qu'il ouvre (main G. ou D. ?) (en la tirant ou la poussant ?)		6"
Il sort dans le jardin (referme la porte)		
(avec quelle main ?) en se retournant (quelle épaule ?)		
	10"	

Au montage, on aura quelque difficulté à intercaler le P.R. où il a déjà son chapeau sur la tête quand il se dirige vers la porte, dans le P.E. avec PAN GD., où il mettra une deuxième fois son chapeau sur la tête. Ou bien on lui fait dire deux fois "suivez-moi". Essayez de trouver d'autres solutions de montage sans escamoter ni le texte ni l'action.

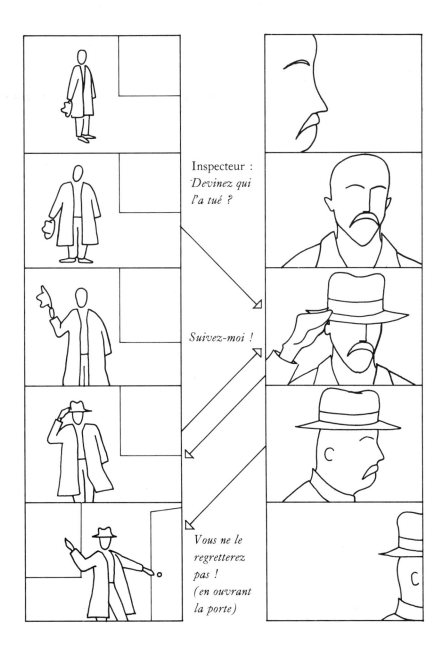

Inspecteur :
*Devinez qui
l'a tué ?*

Suivez-moi !

*Vous ne le
regretterez
pas !
(en ouvrant
la porte)*

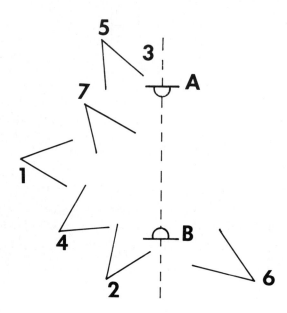

L'œil du spectateur devenant celui de la caméra 1, qui a situé A à gauche et B à droite, toutes les autres places de la caméra (2, 3, 4, 5 et 7) devront être du même côté de la ligne imaginaire (axe) reliant les deux acteurs, qu'ils soient à tour de rôle in ou 'off. Si la caméra 6 passe de l'autre côté de l'axe, on aura l'impression d'avoir interverti la place des personnages (B passant à gauche et A à droite).

A la fin d'un plan un comédien peut toujours changer de direction de regard, ou le sens de son trajet. A chaque nouvelle direction, à chaque nouveau sens, correspondra un nouvel axe qui modifiera d'autant les places de la caméra.

Si la suite doit se tourner un mois après en extérieurs dans le jardin d'un pavillon, il faut vérifier que la porte s'ouvre du même côté (c'est-à-dire à l'intérieur), que l'acteur se retourne de la même façon (était-il bien ou mal rasé ? Son pardessus était-il ouvert ou fermé et avec combien de boutons ?) et, évidemment, avec le chapeau sur la tête si le metteur en scène décide de faire un *raccord direct* entre sa sortie G.D. en intérieur et son apparition (toujours G.D. en extérieurs). Mais si nous retrouvons notre inspecteur roulant en voiture, le *raccord est indirect*, et à ce moment-là il peut être nu-tête, fumant et sans imperméable pour montrer que le temps a passé ou qu'il s'agit d'un autre jour.

Revenons, une fois encore, au problème du *rythme* par rapport au jeu, aux mouvements, aux déplacements des acteurs (il faudrait presque avoir un métronome avec soi, ce qui est inconcevable, vu le bruit de l'instrument : je revois toujours Alain Resnais marchant près du machiniste japonais qui poussait le chariot, pour retrouver, à chaque travelling installé dans des rues différentes d'Hiroshima, la même cadence).

Vous avez de *bons raccords de rythme qui font faux* : ainsi à la télévision, quand on *tourne en direct* avec deux caméras en même temps et que le réalisateur passe de l'une à l'autre sur un geste, on a souvent l'impression d'un léger saut ; il manque toujours quelques images, puisqu'on ne peut pas remonter en arrière comme dans un montage classique, où le chevauchement de l'action fait passer le raccord en douceur. De même quand on filme deux téléphériques se croisant, avec une caméra au sol et l'autre à l'intérieur d'une des cabines, les deux caméras tournant en même temps, les deux plans mis bout à bout ne raccordent pas, car le croisement pris de l'intérieur semble beaucoup plus rapide que celui pris de l'extérieur où les cabines semblent se croiser très lentement (donc il faut accélérer légèrement la caméra au sol). Enfin, il faut penser à faire changer de rythme quand on passe d'un plan d'ensemble à un gros plan, car en plan rapproché les traversées de champ semblent toujours aller plus vite (il faut donc dire à l'acteur de ralentir un peu).

Vous avez de *bons raccords de place qui font faux*, lorsque vous filmez des personnages de face et le plan suivant les mêmes de face en réflexion dans un miroir. Cela choque moins si vous prenez leur image avec une amorce réelle au premier plan.

Vous avez des *mauvais raccords qui paraissent bons*. Dans *Un monsieur de compagnie*, Jean-Pierre Cassel ôtait son chapeau de face avec sa main gauche à droite du cadre. Lorsqu'on a tourné le 180° quelques jours après, avec la figuration devant lui et lui de dos au premier plan, je lui ai fait ôter son chapeau avec la main droite par erreur. Les deux plans montés passent néanmoins très bien : il commence à ôter son chapeau à droite cadre de face avec sa main gauche et termine son mouvement de dos, toujours à droite cadre avec sa main droite. (Lorsqu'on a un objet s'interposant entre deux acteurs, il vaut mieux décider à l'avance si on le conserve dans le champ *ou* le contre-champ ; si on le garde dans les deux plans, l'objet saute de gauche à droite cadre.)

Je ne compte pas la panoplie de *faux raccords* que j'ai à mon actif et qui ont été *voulus tels* dans *Zazie dans le métro* par Louis Malle, pour créer une image-choc, à l'exemple du texte de Queneau entre le rêve et la réalité. Dans *L'Année dernière à Marienbad*, qui est composé entièrement de faux raccords, un geste ébauché dans un décor le jour s'achève dans un tout autre endroit la nuit ; la statue et la balustrade changent constamment de place, la chambre d'allure, il n'y a que des "raccords de sentiments". Dans *La Soif du mal*, Orson Welles a employé dans la même séquence trois ponts différents servant au même décor sans que cela choque personne. Les éléments d'un plan à l'autre qui ne raccordent pas dans l'absolu passent fort bien une fois montés. Dans *Hiroshima mon amour*, Emmanuelle Riva, assise dans le Café du Fleuve à Hiroshima, se penche vers Eiji Okada et c'est sa mère qui la reçoit tondue à Nevers. Rien ne raccorde entre ces deux plans, sauf le mouvement et sa direction droite-gauche.

"Les détails ne comptent pas, seul compte l'assemblage"... Des metteurs en scène que tout sépare sont d'accord là-dessus. Dans *Mélo*, on a supprimé la bouteille de kirsch à la fin du premier tableau, car elle prenait trop d'importance dans le champ dès lors que les acteurs étaient cadrés assis autour de la table. Dans *Pirates*, on a supprimé le fourreau de l'épée du capitaine Red, qui le gênait dans ses mouvements à partir du moment où il grimpait sur le galion. Après le *plan d'ensemble* de situation d'un décor, on peut être sûr que les tapis et les lustres vont être oubliés sciemment durant le reste de la séquence : les premiers gênant la pose des rails ou le fonctionnement de la Dolly, les seconds faisant des ombres mal venues ou des amorces disgracieuses en haut du cadre.

Si l'on tourne un gros plan d'une femme attablée devant son déjeuner, ce n'est pas la peine de chercher la ceinture qui manque à la robe ni la montre bracelet (à moins qu'elle porte une tasse ou une cigarette à la bouche). De même, si les accessoires sur la table ne sont pas à leur place exacte, cela n'a pas d'importance, mais il faut que l'actrice fasse le geste de tartiner son pain, car on sentira le haut de son épaule bouger même si on ne voit pas sa main.

Dans les plans très éloignés, si un acteur ne porte pas ses lunettes raccord, ou si le col de son manteau est baissé et que, dans le plan rapproché, il désire le relever, ce n'est pas grave. Mais une scripte doit toujours rester vigilante et ne pas laisser s'insinuer peu à peu la négligence ("Ça n'a pas d'importance", "Ça ne se voit pas"), car l'œil s'habitue à voir l'acteur avec le "mauvais" raccord, et ne réagit plus ; ni se laisser aller à des bavardages anodins qui la déconcentrent. Ainsi, dans *La Main au collet* d'Alfred Hitchcock, nous nous étions installés (une cinquantaine de techniciens, toute l'équipe américaine, plus la deuxième équipe française, plus le service d'ordre qui bloquait la circulation devant le front de mer) devant l'hôtel Carlton, avec un mouvement compliqué de travelling, une batterie d'énormes projecteurs (en 1954, la pellicule était beaucoup moins sensible qu'aujourd'hui et nécessitait beaucoup plus de lumière) pour l'arrivée de la voiture de Cary Grant, qui déposait Grace Kelly en ravissante robe rose. Le soleil et les arcs à contre-jour étant très puissants, notre vedette portait des lunettes noires pendant les nombreuses répétitions d'arrivée et départ de la voiture décapotable. Les premières prises ont été filmées avec les lunettes noires, sans que cela choque personne, et c'est Grace Kelly qui s'en est rendu compte la première et a demandé à Hitchcock d'en refaire une sans... A ce moment-là tous les regards sont venus foudroyer les deux scriptes, qui auraient préféré être à cent pieds sous terre !

Tournage de La main au collet *: Sylvette Baudrot, la script américaine, Robert Burks, et Alfred Hitchcock. (Collection* Cahiers du Cinéma).

CHAMP ET CONTRECHAMP : LES REGARDS

B parle à A off à droite cadre.   *A écoute B à gauche cadre.*

AVEC AMORCE

B toujours
à gauche
avec A en amorce
à droite.

TRIANGLE : LES REGARDS

B en amorce
toujours à
gauche avec A
à droite.

Caméra position 1 :
à l'arrivée de C
la caméra saute
la ligne
qui reliait A à B.

(1) Plan initial

B passe à droite et A à gauche :
ils forment la base du triangle
avec C comme sommet. On se place pour
le champ/contrechamp en fonction
de celui qui parle le premier.

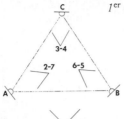

Caméra position 2 :
A regarde C off à droite.

Caméra position 3 :
C regarde A off à gauche.

Caméra position 4 : C tourne
la tête vers B off à droite.

Caméra position 5 :
C off à gauche.

Caméra position 6 :
B tourne la tête vers A off à droite.

Caméra position 7 : A regarde
à nouveau B off à gauche.

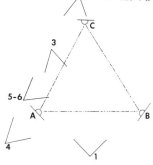

2e cas : à l'extérieur du triangle.

Lorsque la caméra est à l'intérieur du triangle on isole chaque acteur pour les champs/contrechamps. Lorsque la caméra est à l'extérieur du triangle, deux solutions : un seul face aux deux autres, les deux face à un seul.

(2) Le sommet C du triangle est légèrement déplacé à gauche afin d'avoir les deux A et B sur la droite.

(3) B et A regardent tous les deux C off à gauche.

(4) C de face à gauche regarde A et B de dos à droite.

(5) C regarde A off à droite près de la caméra.

(6) C regarde B aussi à droite off, mais plus loin de l'objectif.

RACCORD OUVERTURE PORTE

1. *Il pousse la porte pour l'ouvrir.*

2. *Contrechamp : il pousse la porte.
Bonne direction gauche/droite.
Bon raccord mains.*

3. *Il achève de pousser la porte.
Bonne direction gauche/droite.
Mais mauvais raccord mains
(inversées).*

4. *Bras baissés pour rentrer :
raccord possible.*

RACCORD FERMETURE PORTE

1. *Il ouvre la porte de la main droite...*

2. *... en la tirant vers lui.*

3. *Il amorce le mouvement de la refermer en tournant épaule droite et en la tirant vers lui direction droite/gauche.*

4. *Il s'éloigne en tirant la porte vers lui avec sa main droite.*

5. *Contrechamp : il la referme en la tirant vers lui, mais avec la mauvaise main. Mauvais raccord manche et mauvaise direction gauche/droite.*

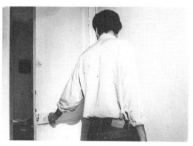

6. *Caméra mal placée, direction gauche/droite. Mauvaise porte et mauvaise main. Mais bon raccord manche.*

7. *Mauvaise porte et mauvaise main (il est obligé de la pousser au lieu de la tirer). Mauvaise direction gauche/droite.*

8. *Bon raccord général : caméra bien placée.*

CONNAISSANCES

(tableau récapitulatif)

1 - RAPPORTS MONTAGE

(en deux exemplaires pour chaque numéro de clap)

1) Gamme de plans et terminologie.
2) Objectifs - distance - hauteur - filtres - diaphragmes.
3) Mouvements caméra - abréviations.
4) Croquis situant la caméra par rapport aux acteurs dans décor. Plan refait.
5) Entrée et sortie de champ - amorces.

6) Champ et contre-champ - les regards.
7) Les 180° ou réflexion dans un miroir. personnages en triangle - les flèches.
8) Retournements.
9) Transparences - découvertes - l'auto-travelling.
10) Play-back.

2 - RAPPORTS LABORATOIRE

(en quatre exemplaires pour chaque boîte utilisée)

1) Différents formats de pellicule et d'image.
2) Cadences - accéléré et ralenti.
3) Conversion des secondes en mètres et en pieds - en 16 mm et en 35 mm.

4) Numérotation des bobines et magasins suivant leur contenance et leur émulsion.
5) Comptabilité pellicule négative et positive - chutes - boîtes.

3 - RAPPORTS PRODUCTION

(en deux exemplaires à la fin de la journée)

1) Séquences complètes et incomplètes avec tous les numéros de clap tournés ce jour.
2) Totaux pellicule, nombre de boîtes image et son - les kW, photos, véhicules, animaux utilisés, etc.
3) Présences d'acteurs, petits rôles, figurants.

4) Minutage utile par rapport au minutage réel.
5) Vérification en fin de semaine de tous les totaux.
6) Calcul des fractions de page.
7) Heures supplémentaires.

4 - LE JOURNAL DE BORD

(en deux exemplaires chaque jour)

5 - LES RACCORDS

(directs : de plan à plan - indirects : de séquence à séquence)

Tout ce qui touche de près

aux acteurs :   vêtements - maquillage - coiffure - bijoux
aux décors :   meubles - accessoires - sens ouverture portes
à la lumière :   sources lumineuses - effets spéciaux.
au son :   texte - intonations - ambiance.
aux mouvements :   dynamique entre deux plans.

1. Bons raccords qui font faux.
2. Mauvais raccords qui font juste.
3. Mauvais raccords faits exprès.
4. Raccords négligeables et nécessaires.

Une fois vos *tribulations* de stagiaire scripte terminées avec, comme récompense, l'obtention de votre *carte professionnelle* au C.N.C., il vous faudra dénicher votre premier long métrage en tant que scripte titulaire. Retour à la case départ. Vous reprenez votre souffle pour ce nouveau parcours du combattant, qui dure parfois plus d'un an. Il est semé d'embûches car les concurrentes ne manquent pas, soit un peu plus qualifiées que vous, soit acceptant, à la télévision, des tarifs inférieurs au minimum syndical cinéma. Mais ne vous découragez pas... Votre endurance de coureur de fond, votre bonne étoile et vos relations vous permettent enfin de décrocher votre premier contrat (âprement discuté par le *directeur de production*). Vous aurez pris soin de lire la convention collective avant de parapher cette phrase sur votre contrat : "Le présent accord est soumis à la convention collective en vigueur" et de connaître le minimum syndical applicable à votre salaire, car son indice change tous les six mois. Exigez au moins une semaine de préparation ; à vous alors de mettre en pratique les principes que vous avez acquis.

PRÉPARATION

La nouvelle génération de scriptes n'étant plus sténodactylos, ce sont des secrétaires attitrées qui font toute la *préparation littéraire* avec le scénariste et le réalisateur. Pour la *préparation technique*, quelques privilégiées participent avec certains metteurs en scène et leur cadreur à l'élaboration du *découpage technique*, c'est-à-dire au fractionnement de chaque séquence en *plans* avec description du cadrage désiré, fixe ou en mouvement, et le fragment du texte correspondant. C'est dans cette ultime étape qu'on sent à proprement parler la "griffe" du réalisateur (de 300 à 800 *numéros* ou *plans* suivant le style et le rythme qu'il veut donner à son film). Certains font, en sus, ou à la place, des dessins explicatifs (*story board*) ou des planches photos pendant les répétitions en chambre avec les acteurs.

Le metteur en scène qui vous donne, au jour le jour pendant le tournage, la liste des plans qu'il veut tourner est un modèle de vertu ! Quant à celui qui fait son découpage technique global et le distribue à l'équipe pendant la première semaine de tournage, il appartient à une espèce en voie de disparition. Par contre, on a souvent à l'avance le scénario définitif ou *script* découpé en *séquences* (80 à 150 sur une centaine de pages), ce qui permet à l'assistant, au régisseur et au directeur de production de faire leur dépouillement et le *plan de travail* du tournage. Un bon directeur de production connaît l'importance d'une préparation minutieuse afin que tous les détails du scénario soient prévus par chaque membre de l'équipe et, a fortiori, par la scripte au moins deux semaines à l'avance de façon à avoir en tête le déroulement précis de l'action. C'est pourquoi elle doit tout d'abord faire le *préminutage* du film.

Le préminutage

On lit le scénario à haute voix, chronomètre en main, on mime le jeu et les dialogues, tout en respectant les pauses décrites par le réalisateur. On note au crayon dans la marge du découpage la durée de chaque scène ou de chaque séquence, puis on additionne le tout, ce qui donne approximativement la longueur du film au premier montage.

A la longue, l'expérience montre qu'une page de scénario tapée serré avec beaucoup d'action et peu de texte revient à une minute, tandis qu'une page où il n'y a que du dialogue avec texte espacé ne fait que 30 secondes. Sachant que 1 minute fait 30 mètres ou 90 pieds (voir les tableaux de conversion) et qu'une bobine de pellicule 35 mm de 305 m dure 10'40, un film de 1 h 40 fera 10 bobines ou 3 050 mètres utiles. Grâce à ce préminutage le directeur de production peut établir le *budget pellicule* du film (il faut prévoir environ dix fois plus pour tout un tournage, soit 30 500 mètres au moins) pour un film de 1 h 30 tourné en neuf semaines. Il pourra commander la quantité de pellicule nécessaire avec le *numéro d'émulsion* désiré par le chef opérateur (chez Eastmancolor, Fuji, Agfa, etc.), prévoir les frais de laboratoire et, surtout, *faire le plan de travail*. Sachant qu'on tourne environ 2 à 3 minutes utiles par journée de 8 heures de travail, un film de 1 h 40 se fera entre 40 et 50 jours, ou 8 à 10 semaines à Paris et ses environs. Lorsqu'on tourne en extérieurs *défrayé*, c'est-à-dire au-delà de 60 km de Paris, la production vous loge et vous nourrit.

On travaille alors 6 jours par semaine au lieu de 5 (ce qui économise le temps de tournage). Le préminutage est également précieux pour le metteur en scène : si le film risque d'être trop long, il pourra envisager à l'avance de couper certaines scènes, plutôt que d'attendre le montage pour jeter au panier des scènes qui ont été longues et coûteuses à tourner. Et si le film paraît trop court, il est toujours temps de l'étoffer (ce qui n'est plus courant de nos jours).

La continuité chronologique

C'est une table des matières détaillée du film que je fais à la main en 4 ou 5 pages, que j'intercale au début de mon script et qui m'est indispensable. L'assistant en fait aussi une, plus détaillée, qu'il fait taper (10 à 20 pages) : N° séquence - Heure - Extérieur ou Intérieur - Lumière - Décor - Bref résumé de l'action (Abréviations des noms d'acteurs avec en puissance leur numéro de costume) - Mon préminutage - Une case vide pour le minutage comparatif du tournage. Je souligne ou j'écris d'une couleur différente chaque décor, de façon à retrouver rapidement tout ce qui se passe dans le même décor plus l'heure de la séquence. (S'il y a une pendule ou un réveil dans le décor, ou si l'on risque de voir le cadran de la montre bracelet de l'acteur, ne pas oublier de les mettre à l'heure à laquelle est censée se passer la scène !) Quand il y a plusieurs acteurs, je souligne leur nom en face de leur texte d'une couleur différente afin de retrouver plus rapidement, dans le script, les répliques de chacun (voir page 102).

Le diagramme

Il m'arrive d'en faire dans certains films où il y a beaucoup de *flashes-back* ou de projections dans le futur (*Marienbad ; Two for the Road ; Je t'aime, je t'aime ; L'Immortelle*). On met à l'horizontale les numéros des plans dans l'ordre de la lecture du scénario et à la verticale les années dans l'ordre chronologique (voir ci-contre).

Dépouillement par décor - par acteur

Si j'ai plus de dix jours de préparation (sinon, je travaille sur celui du premier assistant), je fais mon propre *dépouillement par décor* (j'inscris chaque nouveau décor sur une feuille séparée et je groupe sur la même feuille toutes les séquences se déroulant dans le même décor).

Puis le *dépouillement par acteur* (une feuille par acteur avec la description et le numéro de ses divers costumes, en accord avec la costumière, dans la succession des décors et l'ordre des séquences à tourner. Je n'indique la description définitive et précise qu'après avoir vu chaque acteur tourner avec chacun des costumes. A ce moment-là, je les note de nouveau sur mon script en face des scènes correspondantes, pour les retrouver plus vite. Enfin j'effectue le *dépouillement par véhicule*.

Diagramme de L'Année dernière à Marienbad

Chaque petit rectangle noir correspond à un lieu et à un moment donné dans le temps (il y en a 120). Dans chacun de ces lieux qui parfois se retrouvent (d'où la nécessité de couleurs différentes) on a tourné en fonction du découpage tantôt un tantôt plusieurs plans (430 en tout). D'après une idée du mathématicien Guibaud, j'ai mis en abscisse les plans à tourner dans chaque décor dans l'ordre d'apparition sur l'écran, et en ordonnée les jours et les heures où ils sont censés se dérouler.

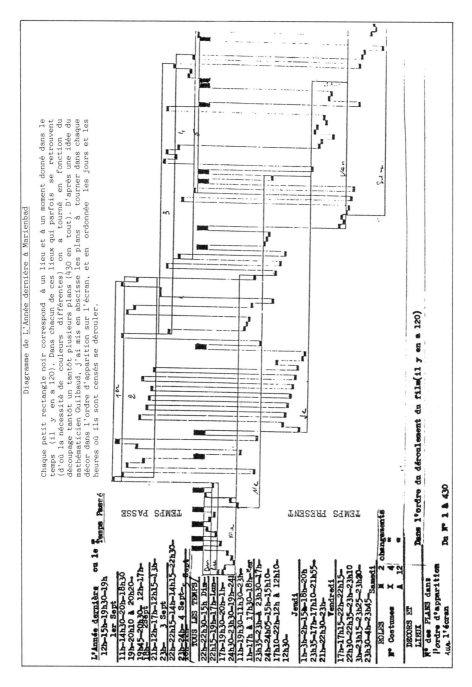

TEMPS PASSÉ

TEMPS PASSE

TEMPS PRESENT

L'Année dernière ou le Temps Passé
12h—15h—19h30—19h
ler Sept
11h—14h30—20h—18h30
19h—20h10 à 20h20—
19h45—20h30—12h—17h—
18h—29h30t
21h—12h—17h—12h15—13h—
23h— 3 Sept
22h—22h15—14h—14h15—22h30—
23h—24h— 4 Sept— 5 Sept—
TOUS LES TEMPS/
22h—22h30—15h Dim—
22h15—19h—17h—Lun—
17h—19h30—20h—1h—
24h30—23h30—19h—24h—
11h—19h30—11h30—23h—
1h—17h à 17h30—18h—Mer
23h35—23h—à 23h30—17h—
24h—24h05—15h—15h10—
17h10—22h—12h à 12h10—
12h30—
Jeudi
1h—3h—2h—15h—18h—20h
23h35—17h—17h10—21h55—
21h—22h30—23h—
Vendredi
17h—17h15—22h—22h15—
22h30—22h35—23h—23h10
3h—23h15—23h25—23h20—
23h30—4h—23h45— Samedi

ROLES	N° 2 changements	
N° Costumes	X 4	"
	A 12	"

DÉCORS ET
LIEUX .... Dans l'ordre du déroulement du film(il y en a 120)

N° des PLANS dans
l'ordre d'apparition
sur l'écran .... Du N° 1 à 430

Film: "FRANTIC"

SEQ & Plans	Pages 1/8	DECOR / heure de l'action	EXT/INT	JOUR NUIT	CONTINUITÉ CHRONOLOGIQUE (scripte) RÉSUMÉ de l'action (avec initiales comédiens) (et leur N° de costume)	ACCESSOIRES VÉHICULES	tourn.	mont
1	1/8	1er taxi in Peripherique que	Int-Ext	Dawn rainy	Black driver + R'+S'. Taxi i front tire flat. Taxi' weaves then stops	Taxi' driving then stopping	1'	5"+1'
2	2/8	"	Ext	"	"..Flat franctine-Driver' and R' eect from taxi'. R'wants to help. Dr radio	3 Gommunts	35"	45"
3	2/8	" (6:15 3m)	Int Ext	"	R'goes back in. S' sleeps. Dr puts back a path.	2 flat tires	15"	} 45"
3A	1/8						5"	
4	3/8	"	Int	"	S' wants to stay in bed. R' sleeps now	Taxi' stopped	30"	
5	1/8	Strat in Paris Heavy Traffic 2nd cab	Ext	Morning	Woman driver + Dog - S'-R' doze in S' shoulder	2 wo/taxi driving	10"	15"
6	3/8	2 nd taxi + Jarbage Truck near Eiffel tower (6:30 2m)	Int Ext	"	" + " - S' R' mule attdg. Jarbage collectors stop them	" stopped then driving	35	15"
7	1/8	Hotel intercontinental 2nd/Taxi (6:40 a.m.)	Ext	"	Worn driver + Dog - Doorman - R'.S'. Porter'	3 bis Gommonts 1 mail 1 attache case 2 suitcases	25"	15'
8	5/8	Int lobby + Elevator	Int	"	R'.S'.show passports to Desk clerk - Guillard hands Rey them plastic portfolio + note		40"	55'
9	3/8	Elevator↑ (6:50)	"	"	R'head "International Cardio Vascular Surgery Convention. S' reads the note		25"	35"
10	1/8	Hallway (6:55)	"	"	Deskclerk opens room 402-R'S' enter		20"	30"
11	2/8	Suite 402-living room (7:00)	"	"	Deskclerk shows minibar - bed room - Bathroom to R'-S' gets to window-	Trunks-	40"	1'30
12	4p 1/8	" window (7:05)	Ext-Int	Sunrise	Panoramer-R'S' embrace-discussion about lunch. Rich mallow's note. Call Rey bring suitcases. She un... Sandra orders 2 café au lait+croissants. She can't open dresses-He calls the kids-She can't open her suitcase. She picks up the phone #call for me? S don't know any body in Paris =	Suitcases 3 Gommonts	3'30	3'40

10'

Grille

Dans tous les cas, je fais la *grille* pour vérifier qu'aucun numéro n'a été oublié sur le plan de travail et pour avoir une vue globale de tout le film sur une seule page. Voici comment je procède : je divise une page quadrillée en 10 ou 20 cases par ligne, et je demande à la stagiaire, par exemple, de me dicter les numéros inscrits dans l'ordre du *plan de travail* (fait par le régisseur et l'assistant), qui n'est jamais celui du récit filmé (pour des raisons administratives ou techniques, par exemple, on ne peut bloquer une rue de Paris qu'aux environs du mois d'août ; certains acteurs ne sont libres qu'à partir d'une certaine date ; tel intérieur ne sera prêt qu'une fois les extérieurs terminés, etc.). Donc, je remplis les cases de cette grille en y inscrivant les numéros dictés, comme sur un carton de loto. Les cases qui restent vides sont soit des numéros oubliés, soit des numéros supprimés. Les numéros supplémentaires (A, B, C, etc.) seront notés dans la marge extérieure ou intérieure à la grille (voir ci-dessous).

```
PROGRESS REPORT No: 10 / WEDNESDAY 6 MAY 1987          Film:"Frantic"


*/   BREAKDOWN OF SCENE NUMBERS - SCRIPT DATED 9 APRIL 1987 WITH PINK PAGES OF 17 APRIL 1987

     1   2   3   3A   4   5   6   7   8   9   10   11   12   13   14   15   16   (17)   18   19   20
     21  22  23  24  25   26  27  28  29  30  31  32  33  34  35  36  37  37A  38  39  40
     41  42  43  44  45   46  47  48  49  (50)  51  (52)(53)  54  55  56  57  58  59  60
     61  62  63  64  65  66  67  68  69  70  71  72  73  (74)  75  75A  75B  (76)  77  78  79
     79A  79AA  79B  79C  79D  80  81  82  83  84  85  86  86A  86B  86C  87  88  89  89A  (90)
     (91)  92  93  94  95  96  97  98  99  100  101  102  103  104  105  106  107  108  109  110
     111  111A  112  113  114  115  116  117  118  118A  118B  119  120  121  122  122A  123
     124  125

     A TOTAL OF 142 SCENES SCRIPTED, 8 OF WHICH ALREADY DELETED ( O  = ALREADY DELETED)
     GIVING A TOTAL OF 134 SCENES AT START OF PRINCIPAL PHOTOGRAPHY.      supprimées
        /  = SCENES SHOT
                                                                    Reste
        .B.125 sequences+17 supplémentaires=142 séq.-8 supprimées=134 séq à
                                                                    tourner

                           stock
     STOCK IN HAND:  pellicule vierge (3 sensibilités différentes en Eastmancolor
     5294:   33 x 1000' / 31 x 400'    (1000'=mille pieds/400'=400 pieds)
     5297:   28 x 1000' / 20 x 400'
     5247:   25 x 1000' / 12 x 400'
```

Puis je réécris ces numéros de la couleur choisie pour le décor correspondant dans ma continuité chronologique. Je les barrerai ensuite au fur et à mesure qu'ils seront complètement tournés, ainsi je verrai immédiatement ce qui reste à faire (voir "Le travail chez soi").

Essais acteurs

Durant les semaines de préparation, on fait souvent des répétitions de maquillage, de coiffure, de costume avec les acteurs, et des *essais caméra*, pellicule, filtres, etc. C'est un bon moyen de faire connaissance avec l'équipe, de vérifier avec la *costumière* le nombre exact de changements de costume pour chaque acteur, avec le *coiffeur* les différentes coiffures prévues.

Essais avec le premier assistant caméra

Ils permettent d'évaluer le nombre d'appareils, le type de pellicule, le format, le nombre d'émulsions (pour les tournages de nuit, par exemple, on prend une émulsion plus sensible). Ma commande de cahiers pour le labo augmente en fonction du nombre de caméras utilisées. Sur *Les Vikings*, où j'étais script deuxième équipe, l'attaque du Fort-la-Latte a été filmée par six caméras différentes (certaines avec compteur mètres, d'autres avec compteur pieds ; certaines comptaient la pellicule dans l'ordre croissant, d'autres dans l'ordre inverse). D'où l'utilité de mon autre petit cahier de brouillon que je remplis dans l'ordre du tournage en prenant une page par caméra utilisée.

Essais avec le deuxième assistant caméra

Vous allez maintenant définir combien de *magasins* sont prévus pour chaque style de caméra afin de les numéroter à l'avance en chiffres romains (par exemple I, II, III…) pour ne pas confondre leur numérotage avec celui des *bobines* (B1, B2, B3, etc.) pour des boîtes de 305 m, lequel doit être différent de celui des boîtes de 122 m (A1, A2, A3, etc.). Je vous conseille d'ajouter un X aux bobines de sensibilité plus grande de façon que, pendant le tournage, il n'y ait aucune confusion possible. Dans les essais pour *La Vie de Van Gogh* (*Lust for*

Life, que devait réaliser plus tard Vincente Minnelli, chef opérateur Joseph Ruttenberg), on tournait le même plan avec six pellicules différentes (Ansco, Gevaert, Agfa, Eastman, Fuji, Ferrania) pour retenir, ensuite, celle qui rendait le mieux les couleurs impressionnistes). Ainsi, quand l'assistant caméra vous annoncera avoir chargé une chute de 45 m de la 4 X 4, vous ne pourrez pas la confondre avec la chute de 30 m de la A4, ou celle de 25 m de la B4, etc.

Les cahiers

Une fois tous ces renseignements recueillis, vous pourrez alors commander à la *régie* le nombre de cahiers nécessaires pour toute la période de tournage (surtout s'il se déroule loin de Paris) et les films Polaroïd nécessaires. Ainsi pour un film de 8 à 10 semaines : une dizaine de cahiers *rapports laboratoire* (préimprimés), six à huit cahiers de *rapports montage* préimprimés (100 feuillets chacun, car vous en remplissez un par plan), un cahier de *rapports production* (deux, si le film dépasse 50 jours) avec une pochette de papier carbone, car ils ne sont pas autocopiants. Et, comme la secrétaire de production les tapera ensuite pour les différentes personnes qui ont investi dans le film, il lui en faudra aussi au moins deux.

Le script

Fractionnez les pages du script en huitièmes de page (voir explications détaillées dans "Connaissances").

Les fournitures

Enfin, il faudra acheter vos propres fournitures : crayons, gommes, Bic, etc. (n'oubliez pas de faire facturer vos notes de frais…) et surtout vos quatre gros cahiers de *brouillon à spirale* (ils ne font pas de bruit quand on tourne les pages pendant une prise) format écolier de 180 pages. Chaque page sera foliotée à la main, en haut à droite *dans l'ordre des numéros des séquences du scénario*, en laissant quelques pages entre deux séquences puisque, de nos jours, on ne sait jamais à l'avance en combien de plans le réalisateur veut les découper, et au cas

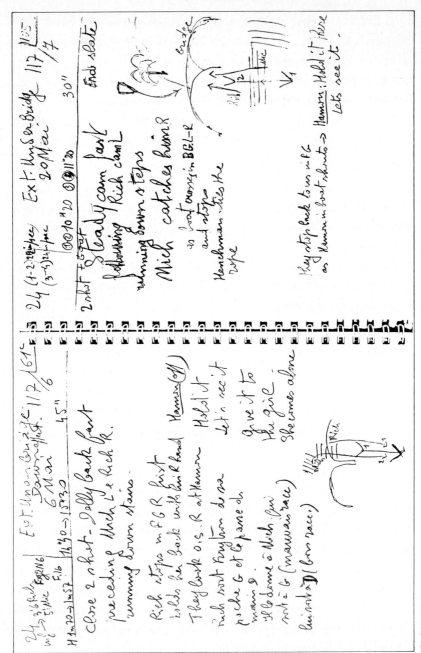

Cahier nº 1.

où il faudrait refaire une scène (*retake*). Enfin, deux ou trois petits cahiers ordinaires, brouillons des rapports image, où vous noterez toutes les nuances entre les prises en face de leur métrage et leur minutage, jour par jour, *dans l'ordre des prises de vues* et des boîtes de pellicule chargées. Mais là, j'anticipe sur le tournage.

LE TOURNAGE

Font partie du tournage proprement dit toutes les opérations effectuées entre le premier tour de manivelle et le dernier, et qui se répètent tous les jours pendant les 8 à 12 semaines prévues sur le *plan de travail*... et parfois plus, quand, par exemple, il se met à neiger alors qu'il faudrait un soleil d'automne à travers les feuilles jaunies (*Tess*), ou bien quand la mer se déchaîne alors qu'on a besoin d'un calme plat (séquence du radeau dans *Pirates*). Prenons une journée quelconque de la vie d'une scripte :

1. Elle arrive sur le lieu du tournage (indiqué sur la *feuille de service*, distribuée la veille à toute l'équipe), un peu à l'avance de façon à trouver pour s'installer un endroit d'où elle puisse observer caméra et metteur en scène sans être continuellement dérangée. Quand on tourne en studio, la scripte en profite pour s'informer auprès du chef électricien du nombre de kilowatts consommés la veille. En extérieurs, elle lui demande la quantité de groupes électrogènes employés et leur puissance respective. Dans les films tournés entièrement en extérieurs, la scripte se contente d'un bord de trottoir pour s'asseoir et de ses genoux pour écrire. Mais, quand elle a la chance de tourner en studio (*Mélo, Frantic*) ou dans des extérieurs spacieux (*Palazzo mentale* ou *Pirates*), elle peut installer, sur une table pliante ou sur un grand cube de bois prêté par les machinistes, son Polaroïd, sa sacoche, son script, ses imprimés, le gros cahier de brouillon à spirale préfolioté et correspondant à la séquence que l'on prépare, et le fameux petit cahier de brouillon (vous allez comprendre pourquoi j'insiste tant sur ce dernier). Faisant partie des scriptes qui emploient

```
WARNER BROS. PRODUCTIONS LTD.        DATE:WEDNESDAY MAY 6th, 1987
c/o Studios de Boulogne               MERCREDI 6 MAI, 1987
137, av. J.B. Clément
92100 BOULOGNE
Tel: 46 05 65 69

FILM:      "THE PARIS PROJECT"        UNIT CALL:5.00am/2.00pm
                                      HORAIRE   5H00/14H00
PRODUCERS: THOM MOUNT
           TIM HAMPTON                LUNCH:1 hour break from 11.00am
                                            1 H. d'arrêt vers 11H00
DIRECTOR:  ROMAN POLANSKI          CATERING: on location (1 or 2)
                                      to confirm at 7.45am(Tel.46 51 05 8
PRODUCTION ON SET
1st LOCATION: Tel 43 91 92 60
2nd LOCATION: Tel 43 91 92 60 - 46 51 05 88 (Café Les Princes)


              CALL SHEET No:10

MEETING POINT and FIRST LOCATION: PONT DE GRENELLE 75015 PARIS (see map)

SET NO 1: EXT, PONT DE GRENELLE/ILE AUX CYGNES (si temps couvert)
SC. NOS.: 117,118(début/start)
LOCATION: as above

SET NO 2: EXT. PENICHE (Statue de la Liberté) Michele and Richard leave
          the barge
SC. NO.:  92(part)
LOCATION: as above - from Centre Nautique des Glénans - Accès Rue Eugène
          Poubelle (rive droite Pont de Grenelle)

SET NO 3: EXT. STATUE DE LA LIBERTE - POV de Richard (2ème caméra)
SC. NO .: 88
LOCATION: Sur péniche, Seine entre Pont de Grenelle et Pont Mirabeau

SET NO 4: EXT. STATUE DE LA LIBERTE - POV de Richard à travers le hublot
                         (2ème caméra)
SC. NO .: 89(part)
LOCATION: Sur péniche, Seine entre Pont de Grenelle et Pont Mirabeau

COVER SET (en cas de beau temps)
          Meeting point and location 2: PARKING DE LA PORTE ST. CLOUD
          Accès par le 31 avenue du Parc des Prince 75016 Paris
          INT.PARKING
SC. NOS.: 99.100
LOCATION: Parking de la Porte de St. Cloud - 2ème sous sol
-------------------------------------------------------------------------
ARTISTE              CHARACTER    CARAVAN    CAR P/U  M/U-HAIR-W/R  ON SET
-------------------------------------------------------------------------
Harrison FORD        RICHARD      1          4.15am   4.30am       5.00am
Betty BUCKLEY        SONDRA       2          3.45am   4.00am       5.30am
Emmanuelle SEIGNER   MICHELE      3          3.45am   4.00am       5.00am
Jurgos VOYAGIS       HAMOU        4          4.45am   5.00am       5.30am
David JALIL          CHAUF. HAMOU 4          OT       4.30am       5.00am
Marcel BLUWALL       MAN IN TWEED 4          S/By on phone from 7.30am
Patrick FLOERSHEIM   MAN IN LEATHER4         S/By on phone from 7.30am
Jean Claude HOUBARD  CHAUF. AUDI             S/By on location 2 from 7H30
-------------------------------------------------------------------------
```

Feuille de service de Frantic.

régulièrement ces deux types de cahiers de brouillon, j'appellerai le gros brouillon n° 1 et le petit n° 2.

2. Pendant la *mise en place*, qui dure environ 10 minutes, le metteur en scène, le cadreur et le chef opérateur, suivis du chef machiniste, choisissent l'angle de prise de vues. Avec son viseur, le réalisateur place les acteurs dans son cadre, montre au cameraman ce qu'il souhaite obtenir ; ce dernier détermine l'emplacement de la caméra et, s'il y a déplacement d'acteurs, les machinistes installent un *travelling sur rails* ou la *Dolly*... La scripte, tout en les écoutant, vérifie avec son croquis et la photo raccord prise 15 jours plus tôt que les meubles ont été bien placés et que la porte s'ouvre bien dans le même sens que dans l'autre décor. Avec *l'accessoiriste*, elle contrôle que c'est *bien* avec le verre à pied (qui, par chance, n'a pas été cassé pendant le transport) et non la coupe que l'acteur est entré dans la pièce, ainsi que la hauteur du liquide dans le verre. En cas de tournage dans la rue, vérifiez toujours avec l'accessoiriste qu'il a remis les bonnes plaques d'immatriculation aux voitures "jouant", et que la couleur des sièges intérieurs correspond bien à celle des voitures louées le mois précédent.

Dans *État de siège*, tourné à Santiago et Valparaiso, nous n'étions pas trop de deux pour "chattertonner"(camoufler) toutes les lettres des plaques d'immatriculation des véhicules chiliens stationnés dans la rue (on était censé tourner dans le pays voisin). Ensuite *l'habilleuse* vient vérifier auprès de la scripte si on "démarre" la scène avec la veste sur le dos ou sur le bras (car l'acteur vient de faire une tache en buvant son café). Dans le dépouillement costumes sont notés tous les éléments vestimentaires, mais seule la scripte note sur quel mot, dans quelle scène et dans quelle prise l'acteur a ôté son chapeau ou son manteau, par exemple. *La maquilleuse* voit si on remet de la sueur à l'acteur... et *le coiffeur* si on peut commencer avec le chapeau déjà en main pour ne pas défaire la coiffure, etc.

3. Pendant *l'éclairage*, qui dure de 20 à 30 minutes ou plus suivant la

difficulté de la scène, le *chef opérateur* et ses *électriciens* éclairent le décor puis les acteurs, en faisant exécuter mécaniquement les déplacements caméra et les mouvements des interprètes (par leurs doublures si la production en a les moyens). Je m'approche alors de la caméra, et...

a) Sur mon petit cahier n° 2 (j'y tiens), je note le numéro de la bobine que *l'assistant caméra* vient de charger et le numéro de magasin (dans le coin en haut à gauche, sur la page de droite si c'est la caméra 1, et sur la page de gauche si c'est la 2). Puis, dans la marge, j'inscris en gros le numéro de séquence, séparé du numéro de scène par un trait oblique. Ensuite, je prépare mes colonnes pour les métrages des futures prises.

		Lumière Décor		Date		
N° bobine Métrage chargé	N° magasin Caméra	Prises	Métrage début	Métrage fin	Observations minutage	
Heure tournage	N° séq. N° plan					

Je tire un trait chaque fois que l'on change de bobine. C'est très utile, quand on reçoit un coup de fil du laboratoire disant qu'il y a une rayure ou un poil sur le plan n° 34/4 prise 6, pour retrouver rapidement sur le rapport de la veille dans quel magasin il a été tourné (et le faire changer au besoin) et voir s'il n'y a pas une prise de secours à faire tirer. Si la prise de secours est aussi accidentée, il faudra refaire le plan, qui s'intitulera 34/R4 prise 1...

b) Je jette un coup d'œil dans le viseur caméra pour constater le champ couvert par l'objectif, et demande au cadreur de me montrer aussi, s'il en a le temps, son cadre de fin (quand il y a travelling). Je note l'objectif et parfois les distances (quand l'assistant a fini de prendre ses points). Le *premier assistant opérateur* a la responsabilité de la mise au point de l'objectif ou focale, en fonction des déplacements des acteurs et de l'appareil de prise de vues (pas d'images floues !) ; mais, en général, il préfère me les donner après le tournage du plan car cela peut encore changer, d'ici là... C'est dans mon gros cahier à spirale n° 1 que je note tous ces renseignements (voir page 106). Et, en bas de cette même page, je trace un *petit croquis* avec les déplacements successifs de la caméra, correspondant aux flèches des déplacements acteurs, que je numérote pour savoir qui se déplace en premier, deuxième, troisième, etc. par rapport aux éléments fixes du décor.

c) Sur mon *découpage*, ou *script* (lui aussi reliure spiralée), sur la page blanche, en face du texte, je dessine chaque fois qu'on passe dans un nouveau décor le *plan général* de ce dernier avec la place des gros meubles et des sièges, la place des tableaux sur les murs, des chandeliers sur les tables : c'est, en effet, ce qu'on ôte le plus facilement sur un décor et qu'on oublie le plus souvent de remettre en place. Je laisse également de la place au-dessus et en dessous pour noter les changements de costumes s'ils ne sont pas tout à fait les mêmes que dans la séquence précédente par rapport au dépouillement costumes.

d) Dès que le machiniste (clapman) a fini d'aider son chef à mettre en place le travelling ou à monter un praticable (échafaudage pour installer un projecteur ou le perchman), il peut enfin s'occuper uniquement de la claquette. Il vient me demander le numéro de séquence et le numéro du plan à inscrire sur le clap et parfois, aussi, la grosseur du plan en abrégé, sans oublier la lumière après vérification avec le chef opérateur. C'est le clapman qui, ensuite, a la responsabilité de changer à la craie le numéro sur le clap *à chaque prise*, qu'on refait tant que le metteur en scène n'est pas entièrement satisfait du *plan* (ne pas confondre le numéro des prises avec le numéro du plan). Je n'insisterai jamais assez sur l'importance pour la scripte d'être épaulée par 1) une habilleuse de métier, 2) un bon accessoiriste et 3) un clapman disponible. Il m'est arrivé souvent, à l'étranger, de faire le clap car les machinistes locaux ne pouvaient pas l'annoncer en français (ou bien pour l'I.N.A. où les machinistes n'ont pas l'habitude de faire le clap). C'est un handicap terrible pour la scripte, une source d'erreurs et une perte de temps énormes. Dans les pays anglo-saxons, c'est le deuxième assistant opérateur qui donne le clap et remplit les rapports laboratoire : quel soulagement !

4. *Pendant les répétitions*, qui durent 15 minutes environ, les acteurs donnent leur texte à froid, le réalisateur commence à les "chauffer" en nuançant ses indications et en les motivant progressivement ; le chef opérateur en profite pour affiner son éclairage ; le cadreur, pour modifier le rythme de son travelling avec le chef machiniste ; le premier assistant opérateur, pour vérifier ses mises au point ; le premier assistant à la réalisation, pour régler son service d'ordre avec la régie (si on tourne dans la rue) et donner des indications de jeu aux figurants ; la scripte, enfin, suit le texte, le souffle au besoin, note les derniers changements ou les coupures dans les dialogues, *chronomètre* le temps de la traversée de la rue et le texte qui suit, sans oublier la durée du départ de la voiture, fait rapidement un calcul mental pour savoir s'il reste assez de pellicule dans le magasin chargé, et prévient le deuxième assistant caméra qu'il faudra recharger au bout de la deuxième prise, ou bien parfois, si le plan est très court (en profiter pour écouler une *chute* de 30 m, par exemple : un plan de 10 secondes consommant 5 mètres de pellicule en 35 mm, avec 30 mètres on pourrait le refaire quatre ou cinq fois, sans compter les cinq derniers mètres de sécurité pour le laboratoire). Le deuxième assistant à la caméra étant responsable de toute la pellicule négative qui lui est confiée au début du tournage sous forme de boîtes (en Italie, on appelle "pizza" la boîte de pellicule de 305 m), il doit rendre en fin de tournage les boîtes non utilisées et tenir un compte précis des chutes qui restent dans chacune des boîtes utilisées (une scripte qui tient aussi, de son côté, la liste des chutes lui rend bien service, ainsi qu'à la production).

Il arrive parfois, après quelques répétitions, lorsque les interprètes accélèrent leur rythme (dans un film d'action tout particulièrement), que l'on abandonne la caméra sur pied pour en prendre une plus légère à l'épaule et suivre plus facilement les acteurs à travers portes et couloirs, ou bien les précéder dans la rue sans accrocher les rails dans le fond. La scripte doit alors changer de page sur son petit cahier et inscrire le nouveau numéro de bobine et de magasin, et vérifier sur sa liste de boîtes et de chutes à quel numéro on est arrivé. (Je tiens à jour cette liste sur la dernière page cartonnée de mon fameux petit cahier n° 2 en barrant les chutes utilisées au fur et à mesure.)

5. *L'électro-choc*, précédant le tournage proprement dit :

a) Il faut vérifier rapidement que le numéro du clap que l'on avait donné (134/1 prise 1) est toujours valable, car parfois on s'est installé pour un plan d'ensemble et puis, pour gagner du temps, on décide de tourner à la sauvette un gros plan de réaction ou un insert d'objet sur la table. Ne perdez pas votre sang-froid, gardez le même numéro de séquence (134 en l'occurrence) mais changez le numéro du plan en fonction du découpage, et cela devient le 134/2 prise 1 (ou le 134/3 prise 1, si vous flairez qu'il risque d'y avoir un autre plan intermédiaire). Quand vous travaillerez avec un metteur en scène secret, rapide ou changeant, vous comprendrez alors l'importance d'avoir bien préparé son scénario, afin de pouvoir le suivre aisément quand il jongle avec l'ordre de tournage des plans dans une même scène ou d'une séquence à l'autre. D'où l'importance d'avoir numéroté à l'avance votre gros cahier de brouillon n° 1 dans l'ordre des scènes ou des séquences de votre script en laissant une page blanche par numéro de plan. Ainsi, si vous aviez commencé à préparer le 134/1, vous passez à la page 134/2 ou 3 et, une fois ces plans de coupe tournés, vous reviendrez facilement à la page 134/1 où vous retrouverez les informations déjà notées, que vous n'avez pas eu à effacer.

b) Balayant d'un coup d'œil rapide le champ à filmer, la scripte vérifie que le scénario ou le viseur du metteur en scène ne traîne pas dans un coin, que personne n'a oublié son gobelet de café sur la cheminée, que l'acteur a ôté ses lunettes noires et que l'actrice a bien remis sa boucle d'oreille au lobe gauche qui lui faisait mal ; que la maquilleuse vient d'ajouter une goutte de sang frais sur la blessure ou une larme sur la joue droite ; que le coiffeur est en train de dégager les cheveux sur l'épaule gauche ; que l'accessoiriste a bien préparé pour l'actrice une cigarette aux trois quarts consumée et rempli au tiers le verre de champagne.

c) Pendant les quelques secondes qui séparent encore le "moteur" demandé à l'"annonce" de l'assistant caméra de la "claquette" (qui est présentée devant l'objectif, battant du bas ouvert, et que le machiniste *claque* après avoir annoncé "134 sur 1 première") jusqu'à sa disparition du champ, la scripte note l'heure et la date sur ses *deux* cahiers de brouillon, ouverts à la bonne page.

6. L'assistant metteur en scène criant "Action" pour les figurants, le metteur en scène "Partez" pour les acteurs, la scripte met en marche son *chronomètre* et, au *crayon*, fait démarrer la *flèche* pour couvrir sur son découpage le texte ou l'action correspondants ; ensuite, sur le brouillon n° 1, elle note le nom du rôle qui apparaît le premier, ainsi que celui qui parle le premier (avec ses premiers mots), puis elle revient rapidement sur son scénario où elle suit le dialogue en notant les erreurs (s'il y en a) ou les inversions, et surtout les gestes et les déplacements des acteurs face aux mots correspondants, et leur rythme… jusqu'à ce que le réalisateur dise "Coupez".

7. A ce moment :

a) J'arrête mon chrono d'une main et, de l'autre, la flèche sous le dernier mot prononcé sur le découpage, tout en criant parfois "Clap de fin", pour rappeler au son et à l'image de ne pas couper leur moteur avant que le clap ne soit enregistré (s'il n'a pas pu être filmé au début du plan parce qu'on a démarré très près d'un acteur ou d'un objet, si on ne veut pas effrayer des animaux ou si un événement doit être filmé à la sauvette sans perdre de temps ni alerter l'entourage). Sinon, on prend le clap muet en fin, et on fait une note pour le montage : "à synchroniser".

b) En même temps, je continue de noter si l'acteur est sorti à gauche ou à droite du cadre, au premier plan ou à l'arrière-plan, vite ou lentement, en remettant ou non son chapeau ou son manteau, et avec quelle main, si sa partenaire qui est restée dans le champ le regardait partir ou non, avec son verre vide ou non, et la cigarette ?... Zut ! j'ai oublié de noter à quel moment elle l'a posée sur le cendrier ! Je ferai attention à la prochaine prise... Ouf !

c) Entre les prises, je demande le métrage affiché au compteur à l'assistant caméra et je l'inscris sur mon petit cahier n° 2, en face du numéro de la prise qu'on vient de tourner. Ainsi, ayant démarré à zéro au commencement d'une bobine, s'il annonce "15" c'est le métrage global de la prise ; par contre, si on avait tourné avec une caméra dont le compteur va en décomptant, il aurait annoncé 107 mètres, car le métrage début est de 122 mètres pour une boîte neuve). De même, si on avait chargé une chute de 60 mètres, il aurait annoncé 45 mètres ; en effet, pour aller plus vite et faciliter les calculs on arrondit en 35 mm toujours de cinq en dix. Ces "15" mètres font 30 secondes de *minutage global* mais mon chronomètre n'affiche que 24 secondes, ce qui est normal puisque, la caméra démarrant avant le jeu des acteurs, la scripte ne déclenche son chrono qu'une fois l'action proprement dite commencée, et l'arrête souvent avant le temps mort d'une fin de prise ; elle obtient ainsi le *minutage réel*, toujours plus court que le minutage global de la prise. En 16 mm, les compteurs caméra étant moins précis qu'en 35 mm, c'est le minutage de la scripte qui donne le métrage global. Il faut donc ôter 5 secondes environ à chaque prise complète pour avoir son minutage réel.

d) Toujours sur mon petit cahier n° 2, je note le minutage de chaque prise en face de son métrage, et je reporte le minutage réel de la prise

Scene Effect - Movie Comm IV

emulsion 5297 (units)

						60 sec			Movie compt. - Effet Huile
8.50 (51)					117/2				Alternate Hamsa & luminance
117/1					units				Point - variance half sun sea to (50') 1'20
With traffic coal running					Boat hidden by tree / guide track				Head 940 1000 940 get out of the Boat 50"
	1	4.00	3.00	sty 35. Smoke standing M.05 sty/4 50"	118/2	1000	840	Point	Predep 750 840 750 5"
	2	3.30	2.00	Boat hidden 50"	units		750		Sunline limit (code book) 1'10
	(3)	2.00	1.00	" too far away. 50"	117/1		740	625	
	4	1.00	0	sty 40 - Amidra seated 50'	117/6		740	535	They start too low 45
(5)	1000	860		50'	self track music R.C.M.		625	440	they start higher but which is hidden by Rick 50"
							535	330	Point 1"
	6	850	750	sty 35. corresponding unit in 118/1 (1)			440	105	" - Rick may want too much (flick flick) in 1"
	7	750	660	total 59			330		(flick) eyes 1'10
	8	660	360	(3) 50"	118/2		230		
	9	560	525	sty 85	units				
(12)	532	300		(4) 50"	1320			Boat	
(11)	300	430	sty 50 - End slate corresponding 50'		1000	905		
				with 118/2 (7) Total 60"		98	880	order	(1')
11:5						order			

complète la plus courte en bas de la flèche correspondante sur mon découpage. (Je n'extrais en troisième lieu le *minutage utile* de chaque plan qu'une fois la journée terminée, en supprimant le minutage de tous les morceaux de plan qui se chevauchent et je les encercle pour les calculer plus rapidement chez moi, à tête reposée.)

e) Il est rare que la première prise soit la meilleure et, même si elle est excellente, on la double pour avoir deux exemplaires du négatif en cas de pépin. Il arrive que l'on fasse trois, cinq, huit prises et parfois davantage quand elles sont interrompues par un choc à la caméra ou un projecteur qui tombe en panne, un acteur qui a un trou de mémoire, un passant qui s'arrête devant la caméra, un animal dressé qui ne suit pas le trajet prévu et répété, etc. Il arrive aussi que le metteur en scène demande une *variante* dans le jeu des acteurs, ou que l'opérateur veuille une version "par temps soleil" si le ciel semble s'éclaircir. Sans oublier les faux départs, coupés immédiatement après l'annonce du clap, quand le plan démarre mal (erreur de texte, bruit assourdissant, fou rire acteur...). Et c'est là que réside le travail le plus important de la scripte : noter pour un même plan *toutes les différences entre chaque prise* et, à la suite du métrage lancé par l'assistant caméra, noter les remarques du réalisateur et du cadreur, les réserves possibles, quelle prise a été coupée et pourquoi (en précisant jusqu'à quel mot ou quel geste), celle qui ne plaît pas au son mais est bonne pour le jeu, celle qui est techniquement excellente mais moyenne pour l'interprétation, celle qui est préférée par tel ou tel acteur. Demander au réalisateur, si possible, de nuancer d'un adjectif les bonnes, réserves et variantes, afin qu'une fois au montage (deux ou trois mois après le tournage de ce plan) il puisse faire tirer sans perdre de temps, et à coup sûr, une autre prise de cette même scène.

Ici j'ouvre une parenthèse : cette description et cette numérotation plan par plan avec toutes les variantes que tient à jour la scripte (pour aider le choix définitif du montage) n'ont rien à voir avec le découpage final, numéroté tel que l'édite si bien *L'Avant-Scène cinéma*, et

117/1   May/6th   20mm(1)(&6)15'
EXT- Dawn Pont de Grenelle_ Sound
LONG S.OT. Rich. on the bridg: full figure waiting cam L -
car with lights on passes in LSR .

```
1 - Good , print                          23"
2 - Print , with 17mm                     22"
3 - Print ,      "                        27"
4 - Cut , run out of film , good start .  44"
5 - Print ,                               34"
6 - Print , with the 20mm                 47"
```

117/2   May/6th   32mm   3'-30'-3'
EXT Dawn - Pont de Grenelle - Sound
CS Rich. waiting on the bridge , Pan RL to the statue and
pan LR to Rich. face again

```
1 - Print                                1'05"
2 - Print                                1'G3"
3 - Print , with 35mm                      35"
4 - False start ,                          10"
5 - Print ,      "                       1'15"
6 - Print .                                50"
```

117/3   May/6th   20mm(1-430'-5'-3'
Ext-Dawn - Pont de Grenelle²-(5oRHd¹2)
LONG SHOT. Rich. on the .ridge full figure Walking
towards Rich.OSR, when she arrives near Rich. , dolly
L , Rich. L and Rich. R in 2WS . Dolly LR when Rich. and
Mich. cross the bridge .running away(matching with sl 58)

```
1 - Print , comp.( 20mm 1 to 4 )         2'15"
2 - 1st pick-up , print .                  25"
3 - 2nd pick-up , print                  1'25"
4 - 3rd pick-up , print ,                1'30"
5 - With 24mm 5 to 7 , false start         10"
6 - 1st pick-up , print                    11"
7 - 2nd pick-up , print                  1'30"
8 - With 24mm ( 8 to 12 ), 1st pick-up     15"
9 - Complete , print                        2'
11 - 1st pick-up with car.                  15"
   - 2ndpick-up with car, dialogue        1'30"
12 - Complete .                           1'30"
```

Tournage de Frantic : *le plan 117/2.*
(Photo Warner Bros). Voir également p. 35.

117/4   May/6th   35mm (1 to 3)&40mm(4to5)50mm(6 to 8)
Ext- Dawn - Pont de Grenelle - Silent slate (guide
track to be synch.)

SECOND CAM. HIGH ANGLE. (Cam on top of bridge)
Rich. and Mich. POV of boat arriving R to L at the tip of
the island (1 to 5) then it can be also Israelis pov (6 to 11)

NOTES Mailleux
```
 1 - 35mm ( 1 to 3 ) , boat hidden by tree      50"
 2 -    "   "             "                      50"
End is UNUSABLE 3 -    "    "     , boat too far away    50"
 4 - 40mm ( 4 to 5 ) , "                         50"
End is UNUSABLE 5 - Print, good                  50"
                                           S1 50
35mm  6- arrivals of boat matches with 116/1 -1-    45"
35mm  7-    "    "    "    "    "    "    -2-        45"
35mm  8-    "    "    "    "    "    "    -3-        50"
65mm  9-    "    "    "    "    "    "     4         50"
End is UNUSABLE 65mm 10-    "    "    "    "    "    "   - 5-    50"
           50mm 11-    "    "    "    "    "    "  S1 60 -1-    50"
```

117/5   May/6th   24mm   100'- 10'-100'
Ext- Dawn - Pont de Grenelle - Sound
SECOND CAM. 22 FRAMES PER SEC.
Extreme LS, full figure, LS(PanLR, down, PL)following Pic.R
Mic.running down the stairs underbridge towards boat arriving
in BGL.
```
end slate 1- WG , boat didn't start-matches with 56-4- 30"
end slate 2- Print                          56-7- 30"
end slate 3- Print                          56-9- 30"
end slate 4- Print                          56-11-30"
end slate 5- Print                          56-12-30"
```

Tournage de Frantic : le plan 117/3.
(Photo Warner Bros). Voir également p. 35.

qui illustre uniquement ce que vous voyez sur l'écran une fois le film monté, c'est-à-dire le résultat constitué par les fragments de plans sélectionnés par le réalisateur, le monteur et parfois le producteur.

Mais revenons au tournage proprement dit : il faut toujours vérifier entre chaque prise, par un rapide calcul mental, qu'*il reste assez de pellicule* pour tourner le plan encore une fois, sans oublier de signaler aussi, sur le fameux petit cahier[1], les prises les plus longues et les plus courtes, et vos remarques personnelles sur tout ce qui peut avoir une incidence sur les raccords à venir.

Une chose encore à ne pas oublier, parmi la multitude d'opérations à accomplir en si peu de temps, c'est de relire les indications de jeu prévues initialement sur le script par le réalisateur et auxquelles il tient une fois sur deux. Il faut les lui rappeler au plus vite. Parfois il vous rabroue, mais parfois il vous remercie, et on retourne une prise avec un geste, un regard ou une intonation différents.

---

1. C'est Suzanne Bon, l'une des scriptes pionnières du cinéma français, qui m'a appris le métier, ainsi qu'à ma collègue Hélène Sébillotte, et l'utilité de ce petit cahier de brouillon tirage n° 2, rempli dans l'ordre du tournage et complétant le brouillon continuité n° 1, prénuméroté, lui, dans l'ordre des scènes, qui est un garde-fou pour ne jamais donner deux fois le même numéro de clap.

ENTRE DEUX PLANS

1. Lorsque les prises de vues du plan sont terminées, la scripte demande au réalisateur lesquelles il désire faire tirer, en lui rappelant les nuances notées à propos de chacune d'elles. Mais souvent, avant de savoir ce que l'on tire, mieux vaut faire rapidement la *photo Polaroïd*[1] de la scène avec les acteurs dans leur position finale et leurs costumes, qui doivent raccorder pendant tout le reste de la séquence ; ou bien pendant le *bout d'essai* exigé par certains laboratoires à la fin de chaque plan ; ou encore pendant que le photographe de plateau fait rejouer la scène aux acteurs pour les *photos publicitaires*... Mais ce n'est pas toujours facile de la faire, cette photo raccord[2], sans qu'il y ait le réalisateur et quelques membres de l'équipe dans le champ, en train de préparer déjà le plan suivant... Ou alors les électriciens ont déjà coupé les projecteurs, et le son exige un silence total pour refaire en *son seul* une phrase du texte qui n'a pas été bien articulée ou une partie du dialogue qu'un bruit de moteur a couverte. C'est à la scripte, alors, de rappeler au son le numéro de clap qu'on a tourné, *précédé d'un 0*, et elle annonce "0134/2 première". Mais si, par contre, le son a besoin d'une ambiance ou d'un bruit particuliers couvrant toute la séquence (goutte d'eau dans le lavabo, moteur sourd du réfrigérateur, son de tracteur travaillant au loin), *l'ingénieur du son* demande à la scripte le préminutage approximatif de toute la séquence 134 et enregistre un *son d'ambiance* qu'il annonce *double zéro*,

---

1. Ces photos instantanées sont très utiles et évitent souvent des discussions sur les raccords costumes, ou la place des objets sur une table... Mais notez toujours, sous la photo, le numéro du plan et de la prise correspondante car souvent, à la fin de la prise 5, par exemple, l'acteur n'a pas replacé son verre comme à la fin de la 3, et la photo ne vous dit pas sur quel mot il a fait tel geste.
2. Dans la mesure du possible, j'essaie de la prendre pendant les quelques minutes de pause, quand on recharge la caméra entre deux prises, comme cela arrive parfois.

Je colle mes polaroïds noir et blanc et note
le costume porté par chaque comédien.

81-1

82-5

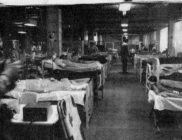 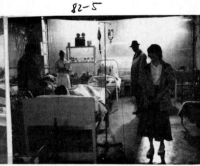

Beth Jupe grise-bleu. Parka manches retroussées chemiser blanc col ouvert
chignon   sac en bandoulière en gauche + broche canard

Horn   veste velours côtelé jaune pant. vert — chemise jaune rayée
       cravate marron - gabardine mouillée + chapeau à la main (83 & 84)
                                                    polaroïd
Mc Geary 78 à 82   imper plastique   sur ensemble - beige + gilet - chemise ciel - cravate rayée
       84 imper sur bras 83-1 + pépinière -   184-11   rouge et gris bleu

83-1

Docteur Barbu avec lunettes rondes - chemise saumon - cravate brune - blouse

Missing *(Costa-Gavras, 1981). Voir découpage, p. 34.*

"00 134/première", et fait durer d'une à deux minutes, quitte à le mettre en boucle (si la séquence est beaucoup plus longue) plus tard au mixage. Chaque lieu de tournage ayant sa résonance propre, il est indispensable d'enregistrer aussi des longueurs de silence qui seront nécessaires au monteur, lorsqu'il montera des plans sans aucun bruit. Souvent, le metteur en scène s'impatiente quand le plan de travail est chargé pour la journée et il demande de faire les sons d'ambiance en fin de journée ou pendant que l'équipe va déjeuner...

2. La scripte profite du remue-ménage occasionné par le changement de plan pour noter sur son script les *costumes définitifs* portés par chaque acteur à mettre en rappel en tête de la séquence suivante qu'on tournera peut-être quinze jours ou un mois plus tard (ne pas oublier : chapeau main droite ou manteau sur les épaules et lacets défaits, etc.).

Puis vite elle redemande à l'assistant opérateur l'objectif, le diaphragme, les distances, le filtre et la hauteur caméra du plan qu'on vient de terminer (il avait commencé à vous les donner pendant l'éclairage du plan, mais il n'était pas sûr que ce soit définitif, donc vous étiez venue trop tôt l'ennuyer ; maintenant, une fois sur deux, il trouve que c'est trop tard. Quand vous êtes jeune débutante il trouve toujours un moment pour venir vous les donner !).

3. Ensuite, vous vous précipitez pour mettre à jour vos *rapports pellicule*, vous recopiez au propre, en quatre exemplaires, le métrage début et le métrage fin de chaque prise (voir modèle), vous n'*encerclez* que les prises à tirer et calculez leur métrage (en faisant la différence entre le métrage début et le métrage fin de chacune des prises en question). A la fin de chaque page, vous totaliserez le métrage à tirer, que vous reporterez sur le dernier rapport de la journée, parallèlement au total de chaque boîte consommée. Pour les compteurs qui affichent en *pieds*, vous notez et calculez tout en pieds et ne convertissez en mètres qu'après le total final de chaque jour ; d'où l'utilité d'avoir au propre un cahier différent pour chaque caméra et ne pas

IMAGE

172804

ÉCLAIR

8 à 16, av. de Lattre de Tassigny
93800 ÉPINAY-SUR-SEINE

PRODUCTION _Warner_

TITRE DU FILM _FRANTIC_

DIRECTEUR DE LA PHOTOGRAPHIE _Sobocinski_

PROCÉDÉ _Eastmancolor 5292_

Date _6 Mai 1982_

Remis, le _____

_____ **heure**

Movie Cam I Imp. MIGON - réf. SC6

N° SCÈNE	PRISE	MÉTRAGE DÉBUT pieds	MÉTRAGE FIN pieds	MÉTRAGE A TIRER pieds	Observations
Y1 1000 pieds III 54ème					_Ext Aube à tirer foncé - SON_
117/1	①	1000	945	55	
55ème 117/2	①	945	835	110	
	②	835	735	100	
56e 117/3	①	735	525	110	
	②	525	425	50	
	③	425	365	110	
	④	365	335	30	
	5	335	315		
	⑥	315	285	30	
	⑦	285	160	125	
117/1 54e suite	②	160	115	45	
	③	115	70	45	_Exposé 1000 act_
	④	70	0	20	_Waste 0 0_
Y2 100 pi IV	⑤	1000	940	60	
	⑥	940	865	75	
56ème 117/3 suite	⑧	865	765	100	
	⑨	765	685	80	
	⑩	685	650	35	
	⑪	650	490	60	
	⑫	490	325	165	
117/2 55ème suite	⑬	325	260	65	
	4	260	230		
	⑤	230	110	120	_Exposed 975_
	⑥	110	25	85 / 1925 print	_Waste 25_

Rapport pellicule de Frantic : _de 117/1 à 118/2. Voir brouillon correspondant p. 117._

ÉCLAIR

FEUILLE DE TIRAGE

IMAGE   172805

8 à 16, av. de Lattre de Tassigny
93800 ÉPINAY-SUR-SEINE

PRODUCTION _Warner_   Date _6 Mai 1987_

TITRE DU FILM _FRANTIC_   Remis, le _____

DIRECTEUR DE LA PHOTOGRAPHIE _SOBOCINSKI_   _____ heure

PROCÉDÉ _Eastmancolor 5292_

Movie Cam I Imp. MIGON - réf. SC6

N° SCÈNE	PRISE	MÉTRAGE DÉBUT pieds	MÉTRAGE FIN pieds	MÉTRAGE A TIRER pieds	Observations
Y3 IE 590 1000p 118/1	①	1000	940	60	Ext. Aube à tirer foncé - SON
	②	940	895	45	clap de fin.
	③	895	835	60	
	④	835	730	105	
	⑤	730	630	100	
118/2 60e	①	630	490	140	
	2	490	400		clap début
	3	400	315		
	4	315	250		
	5	250	160		exposed 900
	6	160	100		waste 100
Y4 m 1000p	⑦	1000	840	160	Ext. Aube à tirer foncé · SON
	8	840	750		
	9	750	740		Soleil sorti pendant cette prise
	⑩	740	625	115	prière de tirer plus foncé pour
117/6 61e	1	625	535		raccorder avec sép. 117 et 118 Aube
	2	535	440		
	③	440	330	110	
	④	330	230	100	
	⑤	230	105	125	Exposed 895 waste 105
Y5 IV 1000p	⑥	1000	905	95	Ext. Aube à tirer foncé - SON
	enai	905	890	15	Exposed 110 Short end 890

cam I 5 bobines { 110 / 895 / 900 / 975 / 1000

cam II 2 bobines { 500 / 870

1230 } cam I = 1925
2803 } cam II = 315

3750 = total à tirer

54 50 = total à développer

Waste Shortend
100   890
105   200
25   130
230 pieds 1220

être tentée d'additionner en fin de journée des pieds et des mètres avant leur transformation. Précisez dans la colonne *observations* s'il s'agit d'une prise en intérieur ou extérieurs, en jour ou nuit, sonore ou muette, ainsi que tout autre effet désiré par le chef opérateur. Vous utiliserez aussi cette colonne observations pour signaler au laboratoire une erreur de claquette (par exemple, on a donné deux fois la prise 3 ; la prise 4 a été annoncée sonore et tournée muette ; le clap de la 5 a été pris à la fin et à l'envers ; le plan a été tourné à la sauvette, sans clap du tout ; ou bien, en fin de bobine, il y a tout juste assez de pellicule pour tourner la prise, mais sans claquette d'identification, etc.).

4. Si la mise en place du deuxième plan, ou l'éclairage, prend un peu plus de temps que prévu, vous avez le temps de mettre à jour votre *rapport horaire*, qui est l'emploi du temps de la journée avec l'heure de début et de fin de chaque plan (voir "Connaissances").

5. Et, surtout, vous remettez au propre en deux exemplaires, sur votre *rapport montage*, tout ce que vous avez noté au brouillon sur vos deux cahiers n°s 1 et 2 en filtrant l'essentiel pour le monteur (qui n'a pas besoin de la description complète du plan, puisqu'il aura la pellicule impressionnée sous les yeux), uniquement les éléments qui lui permettront de distinguer un plan d'un autre, quand il cherchera dans sa liste les numéros qui couvrent une même séquence. Quand le plan est *tourné à deux caméras* (ou plus) en même temps, la scripte doit identifier chacune avec le même numéro de clap en rajoutant une lettre différente par caméra supplémentaire (par exemple : 134/1-134/1A-134/1B, etc. ; au moment de tourner, toutes les caméras viennent prendre le clap sonore unique synchrone avec la caméra 1, ainsi on numérote et annonce le clap 134/1 ABC/prise 1 lorsqu'on tourne avec trois caméras synchrones), sans oublier de signaler au son de *repiquer* cette bande autant de fois qu'il y a de caméras tournant en même temps. De même, elle doit noter sur des pages différentes de son rapport laboratoire : le numéro de la bobine chargée sur la ca-

méra 1 et son numéro de magasin avec le métrage chargé, le numéro de la bobine chargée sur la caméra 2, son métrage chargé et son numéro de magasin, et ainsi de suite... sans oublier d'indiquer pour le laboratoire que le plan 134/1A doit être synchronisé avec le clap 134/1 car tourné à deux caméras, etc. (avec le nom de chaque caméra : Panaflex, Caméflex, Arriflex, Aaton...). Sur son rapport montage, elle note sur la même page : "Tourné à 2 caméras", en précisant pour chacune : les objectifs, les distances, les hauteurs, les mouvements d'appareil, les grosseurs de plan (voir photo *État de siège* ci-dessous), l'action et le texte (où ils commencent et où ils finissent, au cas où les deux caméras ne démarrent pas en même temps), les différences entre les prises et quelles sont les prises possibles.

EN FIN DE JOURNÉE

Quand le premier assistant annonce : "C'est terminé pour aujourd'hui" et que chacun range son matériel (souvent, avant de partir, le photographe de plateau vous donne le nombre de rouleaux photo correspondant aux divers formats qu'il a employés, en couleur et en noir et blanc), que le régisseur vous distribue la feuille de service pour le lendemain et vous indique précisément l'heure et l'adresse auxquelles l'on va visionner les *rushes* (projection des prises de vues de la veille que l'on regarde chaque soir et qui correspondent au tirage des prises cerclées uniquement), la scripte doit alors en vitesse pour ne pas rater la voiture qui l'amène en projection :

1. Faire les *totaux pellicule*.

2. Vérifier avec le son *toutes les prises à tirer* de la journée pour qu'il les fasse repiquer, car il est du plus mauvais effet en projection de

*Rapport son (*Frantic*).*

voir une prise muette alors qu'elle aurait dû être sonore. Et ne pas oublier de faire repiquer deux fois les prises tournées à deux caméras.

3. Aller vite donner au deuxième assistant (qui est enfermé dans sa chambre noire le plus souvent, en train de décharger les magasins tournés dans la journée) les originaux des *rapports image*, qu'il mettra avec les boîtes de pellicule à envoyer au laboratoire, et vérifier avec lui s'il est d'accord sur le *nombre de boîtes* (si jamais j'ai dans mes rapports une boîte de plus que lui, c'est qu'il a oublié de décharger un magasin, et vice versa : s'il a une boîte de plus que moi, c'est moi qui ai oublié de recopier un rapport image). Quand on tourne hors de Paris et qu'il faut expédier la pellicule tournée tous les soirs, le transitaire et la douane exigent la quantité exacte du métrage, reportée sur l'étiquette de chaque boîte numérotée, plus le total du négatif expédié ce jour[1].

4. En me faisant véhiculer aux rushes, je grappille encore un peu de temps pour extraire de ma besace le *rapport horaire*, que je termine grâce à mon petit cahier de tirage n° 2, où je récapitule tous les plans tournés ce jour avec le minutage de chacun. Et pour pouvoir répondre à la première question que me posera le producteur dès qu'il me verra aux rushes : "Quel minutage utile aujourd'hui ?", j'additionne le minutage inscrit en bas de chaque flèche en supprimant celui qui couvre les tronçons d'action et de texte qui se chevauchent : cela correspond souvent au *master shot*, c'est-à-dire au plan principal couvrant la majeure partie de la séquence. Pratiquement, on tourne en une journée de travail 1 minute 30 secondes à 3 minutes utilisables.

---

1. Voir tableau des correspondances *pieds* en *mètres* (p. 204). Quand vous travaillez pour un laboratoire français qui envoie ses factures, correspondant au total négatif à développer et au total positif à tirer (en mètres) une fois passés dans la métreuse, il faut transformer tous les pieds en mètres. Il est donc souhaitable que vous ne fassiez pas trop d'erreurs de calcul. C'est là où une bonne secrétaire de production vous sauve la mise, quand elle vérifie tous vos calculs en retapant vos rapports production et en refaisant vos totaux pour les comparer avec ceux de vos rapports image.

DECOR .... **N°**

FILM _____

Réalisateur_____

DATE_____

Objectif : 1ère cam/obj ; 2ème cam/obj.

Distances :_____

Extérieur : _____ Intérieur : _____

Jour : ou Aube _____ Nuit : ou crépuscule

Muet Sonore Appareil quelle Minutage : réel
vitesse caméra/ caméra ?

1. complète - bon secours - soleil voilé - ____ différent minutage
2. faux départ _____ entre chaque prise
3. coupée pourquoi et jusqu'où...bafouillé à ... clap début ou fin
4. bonne mais... oublié tel mot... ou ... petit choc dans travelling...
5. meilleure pour le jeu, ou le son, ou la lumière, ou... avec soleil
6. variante pour le jeu ou le dialogue ou plus courte -
7. variante pour la lumière ou le mouvement caméra - ou... sans soleil
8. très bonne sauf pas pris chapeau main gauche comme dans la 1 et 5
9. ou a gardé sa cigarette au lieu de la poser comme dans la 6 - etc...
10. pick up commencé à la 2ème réplique et s'arrêtant à l'avant-dernière

Caméra à l'épaule ou sur capot voiture	Son témoin ou play back.
Grosseur du plan - nombre de personnes	Muette - Parlante ou Ambiance seule.
Mouvements d'appareil.	
Noms des protagonistes dans le	Nom du rôle : 1ère phrases dite
champ (in) avec direction de regard	(signalez si la personne est off).
pour ceux qui sont hors champ (off).	
Qui est à droite et qui est à gauche?	N.B. signalez les coupures de texte
Qui entre dans le champ?	et changements dialogue.
Départ du travelling sur quel mot ?	
L'acteur s'asseoit sur quel mot ?	
Arret du travelling sur quel mot ?	
	Nom du rôle : dernière phrase dite.
Qui sort du champ et à quel rythme ?	
Qui reste et sa direction de regard ?	
	Son seul N°Séq/plan
	Ambiance N°Séq/plan
Note montage : signalez les plans	Et si tourné à deux caméras (ou
supprimés ou refaits et pourquoi.	plus) les grosseurs de chacune.
Signalez les inserts ou les plans	
manquants, que l'on risque de tourner	
beaucoup plus tard, indispensables	
pour compléter la séquence.	

Récapitulatif.
(Rapport image en fin de journée).

Mais, aux rushes, on voit deux ou trois fois la même prise tirée (avant le choix définitif qui intervient plus tard avec le monteur), ce qui correspond à 20 minutes ou une demi-heure de projection chaque soir. Si le trajet est long, ou si on est obligé d'attendre qu'une autre production qui visionne ses rushes sorte de la salle, j'en profite pour compléter mon *rapport production* et pour répondre aux autres questions qui fusent, surtout si je suis dans la même voiture que l'assistant, le réalisateur ou le chef opérateur. "A-t-on consommé plus de trois boîtes de pellicule aujourd'hui ?" — "Avec 28 000 mètres, peut-on finir le film ?" — "Par rapport à votre préminutage, sommes-nous plus longs ou plus courts ?" — "Où en sommes-nous de la consommation pellicule ?" — "Depuis le début du tournage, on a consommé davantage de bobines 120 m que de 300 m, mais dans quelle proportion ?"... Autant de réponses à donner sur-le-champ et qui leur permettront, si la production leur reproche un certain retard ou une trop grande consommation de pellicule par rapport au plan de travail initial, de ne pas être pris de court.

5. Maintenant, place à la projection : c'est le résultat de toute une journée d'efforts pour toute l'équipe, la satisfaction en général, et, plus rarement, la déception. La scripte a parfois le trac en s'y rendant : "Est-ce que l'acteur s'est bien levé en disant tel mot ou après le mot ?..." A la sortie, parfois, le metteur en scène vous dit : "Vous vous souvenez de la prise où il a fait tomber sa serviette ?" La scripte : "On ne l'a pas tirée, car elle n'était pas parfaite pour le cadre." Le réalisateur : "Tirez-la quand même. Bonsoir. A demain." Vous cherchez vite dans votre petit cahier si vous aviez bien noté cet incident, et repérez le numéro du plan et de la prise. Puis, fière de votre trouvaille, vous allez donner toutes ces coordonnées à la monteuse, qui téléphonera le lendemain matin au laboratoire et tâchera de l'obtenir avec les rushes du lendemain soir. Avec la satisfaction du devoir accompli, vous essayez alors de trouver un moyen de locomotion pour rentrer chez vous.

LE TRAVAIL CHEZ SOI

Il y a encore "du pain sur la planche". (J'admire certaines de mes collègues, très rapides grâce à leur grande pratique de la télévision, qui rédigent directement tout au propre, et n'ont plus rien à faire chez elles, une fois le tournage terminé). Quand on tourne en studio, on a la chance de voir les rushes sur place ; à ce moment-là, c'est dans le bus et le métro que je termine mes rapports production. Je reporte le total pellicule de la journée dans la case *aujourd'hui* et je l'additionne avec le total de ce qui a été fait *précédemment* (voir modèle dans "Connaissances"). De même pour le minutage, les boîtes pellicule, les photos, le nombre de présences ou cachets d'acteurs (habitude que j'ai prise dans les films américains) après vérification avec la feuille de service. Enfin je note l'heure de convocation et de fin de tournage, et je calcule les heures supplémentaires, s'il y en a, pour toute l'équipe (quand on dépasse 8 heures de tournage par jour ; mais pour tout ce qui est préparation avant tournage et rangement après la journée de travail, chacun fait son compte personnel d'heures suivant les accords qu'il a pris avec le directeur de production). Quand on tourne en extérieurs, très loin de Paris ou hors de France, la cérémonie des rushes n'a lieu qu'une fois par semaine (difficulté de trouver une salle double bande). C'est alors au restaurant, en attendant que l'on me serve, que j'accomplis tous ces petits travaux de finition... Un soir, j'entends le serveur dire au caissier : "Tu me fais la note de la dame qui fait ses devoirs"... Enfin, arrivée chez moi, ou dans ma chambre d'hôtel, je finis de recopier mes *rapports montage* en vérifiant mes flèches (ce qui me permet de sortir les plans qui manquent au montage ou les inserts à tourner et d'en faire une liste). De même pour les sons seuls ou les ambiances (à vérifier demain avec le son). Tant qu'il manquera un plan, je ne peux pas faire *tomber* la séquence.

En fin de semaine, je fais le bilan des plans *supprimés*, puis des plans *supplémentaires* ou de ceux qui restent à la traîne dans les divers décors, et qui seront (en accord avec le premier assistant réalisateur) peut-être tournés par la deuxième équipe, ou en fin de tournage en équipe réduite. Ensuite je compare le minutage que j'ai trouvé pour chaque séquence avec celui de mon préminutage, en le reportant sur la deuxième colonne, laissée vierge, de ma continuité chronologique (préparée avant le tournage). Je finis de mettre à jour, sur la dernière page de mon petit cahier de tirage n° 2, la liste des boîtes de pellicule entamées ou terminées avec leur liste de *chutes utilisables ou non*. Dans les rapports américains et anglais, vous avez une colonne *waste* (à jeter), et une colonne *short end* (chutes utilisables), qu'il faut remplir consciencieusement. Enfin, je barre, avec un certain plaisir, les séquences entièrement terminées : sur mon script, ma continuité chronologique, mon plan de travail, ma grille et mes dépouillements...

Puis je range à nouveau tous mes cahiers dans ma besace, et je plonge dans la feuille de service du lendemain, afin de savoir à quelle heure mettre mon réveil à sonner en fonction du temps qu'il me faudra pour aller sur le nouveau lieu de tournage. Je devrais lire la séquence prévue pour le lendemain, je le ferai dans le bus ou dans la voiture qui viendra me chercher. Et, pour me changer les idées, j'allume la télévision : je vois une femme qui crie et qui se protège de certains volatiles... Décidément, je ne connaîtrai jamais le début des *Oiseaux* ! Les yeux me picotent, je m'endors... Il m'arrive de me réveiller en pleine nuit, la lampe de chevet allumée et le bouquin ouvert sur le nez. Parfois, je fais un cauchemar : c'est une scène qu'on est obligé de refaire à cause d'un mauvais raccord... Heureusement, le lendemain matin, on redémarre en pleine forme pour recommencer une journée pleine d'imprévus...

Question surprises, j'ai été servie lors du tournage d'un récent film publicitaire de 30 secondes qui devait lancer le nouveau scooter "La Cosa". Deux nuits de tournage dans tous les coins éclairés de Paris en équipe réduite et en 16 mm (consommation : 11 boîtes de 122 m) et deux nuits en équipe ultra-complète (consommation : 16 boîtes de

122 m et 2 de 305 m en 35 mm) sur la place de la Concorde avec mouvement de grue, auto-travelling, contrôle vidéo, pompiers pour mouiller le sol, service des eaux de la ville de Paris remettant en marche la fontaine des Mers, notre jeune acteur Cameron chevauchant son scooter le long des Champs-Élysées pour venir s'arrêter pile devant la fontaine, ôtant son casque et ses gants, enjambant la margelle pour venir se doucher sous les grandes eaux (clin d'œil à *La Dolce Vita* et à *Un Américain à Paris*), les bourrasques de vent venant doucher aussi les techniciens (heureusement que je note tout au brouillon), et le thermomètre marquant + 5°. Tout était là pour nous rappeler que nous étions en février et que les films publicitaires ont les mêmes contraintes que la haute couture : c'est en hiver que l'on prépare la collection d'été. Léger étonnement aussi lorsque notre metteur en scène, Michael Utterback, m'a demandé de faire seulement développer notre négatif couleur sans rien faire tirer, ajoutant que les deux jours suivants il était indispensable que j'assiste au transfert de la totalité du négatif film, soit 3 heures 15 minutes de projection, sur pellicule magnétique, et cela afin :

1. de noter les *time codes*[1] correspondant aux images qu'il choisirait sur l'ensemble des rushes, ainsi étalonnées pendant le transfert sur pellicule magnétique ;

2. de faire une brève description des morceaux choisis ;

3. de noter ses observations au fur et à mesure (par exemple : retransférer tel passage sur la machine Zeus[2] pour insertion du ralenti) ;

4. de noter les vitesses (16 ou 25 images/seconde) annoncées, qu'il faisait varier pendant le déroulement de ces rushes ;

---

1. *Time code* : compteur-chronomètre ou temps digital qui s'affiche en surimpression sur les images qui défilent.
2. *Zeus* : machine vidéo qui peut accélérer jusqu'à 6 images/seconde ou ralentir jusqu'à 60 images/seconde.

5. de noter les numéros de bobines vidéo (qui font chacune 1 heure 30 d'enregistrement) pour retrouver rapidement celles où seront "repiquées" toutes nos bobines négatif du tournage ;

6. de reporter ensuite chez moi toutes mes notes de tournage, prises sur mes deux fameux petit cahiers, vis-à-vis des nouvelles notes prises aussi au brouillon pendant le transfert sur pellicule magnétique. Ce qui donne les tableaux suivants à coller face à face :

Modèle conducteur pour film publicitaire tourné en 35 mm et 16 mm mais transféré et étalonné sur pellicule magnétique.

TOURNAGE

N° bob. film 35 ou 16 mm	Numéro scène et vitesse caméra	Date prises	Objectif Observations tournage et minutage

TRANSFERT

N° bob. vidéo Reel	Compteur chronomètre Time code	Vitesse Speed	Décor scène Description	Observations Comments

IV - PRATIQUE DU MÉTIER

(tableau récapitulatif)

1 - PRÉPARATION

1) Préminutage, à reporter sur :
2) Continuité chronologique (avec l'heure à laquelle se déroule l'action).
3) Diagramme (si flash-back).
4) Dépouillement (décors, véhicules).
5) Dépouillement (acteurs, costumes).
6) Grille de vérification du plan de travail (fait par l'assistant metteur en scène) coloriée.
7) Essais acteurs (vérifier changements des costumes et coiffures).

8) Essais caméras-objectifs-formats.
9) Décider numérotation bobines et magasins avec assistant caméra.
10) Commander rapports préimprimés et films Polaroïd.
11) Diviser les pages en fractions de 1/8.
12) Numéroter par séquences les cahiers de brouillon (si vous en utilisez).

2 - TOURNAGE

1) Installation (trouver un coin où placer ses affaires) - demander kw au chef électricien - remettre rapports à la production.
2) Pendant la mise en place : vérification décor, accessoires, costumes, coiffures - faire croquis décor.
3) Pendant l'éclairage : noter numéro des bobines ou des chutes chargées - objectif et distances - faire croquis place acteurs et caméra - donner le numéro au clapman.
4) Pendant les répétitions : suivre texte, noter coupures et changements, chronométrer - y a-t-il assez de pellicule ?

5) "Moteur" : vérifier numéro du clap - rien qui cloche dans décor ? accessoires ? costumes ? noter date et heure.
6) "Action" : départ chrono, démarrer flèche en suivant texte, noter gestes, déplacements acteurs et caméra, rythme.
7) "Coupez" ou "clap de fin" : arrêter chrono, flèche sur dernier mot, noter raccord sortie, demander métrage fin - faut-il recharger ? noter différences entre chaque prise du même plan. Qu'est-ce qu'on tire ?

3 - ENTRE DEUX PLANS

1) Faire Polaroïd scène tournée - donner numéro pour son seul et ambiance.
2) Noter costumes définitifs avec leurs variantes - vérifier objectif, distances du plan qu'on vient de terminer - penser aux raccords du plan à venir.

3) Recopier brouillon rapport laboratoire.
4) Continuer rapport horaire.
5) Recopier brouillon rapport montage (en fin de journée ; en cas de retard les terminer chez soi).

4 - EN FIN DE JOURNÉE

1) Faire totaux pellicule.

2) Vérifier avec le son toutes les prises à tirer de la journée et prendre deux doubles de ses rapports - demander au photographe le nombre de rouleaux photo qu'il a pris ce jour.

3) Vérifier avec deuxième assistant caméra le nombre de boîtes à expédier ce jour et lui donner les originaux des rapports pour le laboratoire.

4) Compléter rapports horaire et production, avec minutage utile du jour, avant d'aller aux "rushes" ou en y allant.

Ne pas oublier de donner au monteur les originaux des rapports montage de la veille, les doubles des rapports laboratoire ainsi que ceux du son.

5 - TRAVAIL CHEZ SOI

1) Sur rapports production : bien reporter les totaux dans les bonnes cases, vérifier les additions, calculer le nombre de pages tournées, les plans et les heures supplémentaires.

2) Finir de recopier le rapport montage.

3) Mettre à jour liste chutes et boîtes pellicule.

4) Comparer le minutage utile des séquences tournées ce jour, en le reportant sur la 2e colonne restée vierge de votre continuité chronologique.

5) Barrer les numéros des plans et séquences terminés sur continuité, plan de travail et grille et vérifier que le nombre de plans non barrés correspond bien à ce qui reste à tourner.

E tre scripte dans le cinéma, c'est avant tout avoir un travail intermittent sans aucune sécurité d'emploi. Mais les nombreuses périodes sans travail vous donnent le loisir de "cultiver votre jardin" à peu près six mois sur douze. Lorsque vous avez enfin la chance de travailler sur un film intéressant avec un metteur en scène qui vous fait confiance, c'est le rêve. Françoise Giroud, dans *Si je mens*, le raconte merveilleusement bien. Même si certains jours sont pénibles (pas une minute d'arrêt, devoir rédiger ses rapports tout en mangeant, rester douze à quinze heures par jour loin de chez soi), jamais deux jours ne se ressemblent (vous passez d'un décor exigu de chambre de bonne à une salle de restaurant, d'une soute de bateau à un radeau en pleine mer, d'un film en studio à un autre en rase campagne). Même si vous ne vous entendez pas avec un membre de l'équipe ou avec le metteur en scène, vous les supportez : un film ne dure jamais plus de huit à douze semaines environ, tandis que dans un bureau ou à l'usine vous travaillez avec les mêmes têtes en face de vous onze mois sur douze. En revanche, on exigera de vous, pendant cette période de travail, une disponibilité quasi-permanente. On acquiert de l'expérience à force de cohabiter avec diverses équipes, de tourner à l'étranger, d'avoir surtout des contacts variés avec des réalisateurs d'horizons différents. Vous devenez professionnelle en étant "aussi efficace que les plus efficaces dans leur propre pays" (vous finissez par parler leur langue, vous adapter à leurs méthodes et vous entendre avec leurs metteurs en scène). Ce qui ne vous empêche pas de laisser passer des erreurs, quelle que soit votre ancienneté dans le métier. Il suffit de quelques secondes d'inattention...

Dans *Virgile* de Carlo Rim, Robert Lamoureux sortait très vite de sa chambre ; et, un mois après, lorsqu'on a tourné dans un couloir le raccord de sa sortie, j'ai complètement oublié de signaler qu'il devait aller très vite, et il est sorti normalement. Ce qui fait qu'une fois les deux scènes montées Robert Lamoureux donne l'impression d'être arrêté dans son élan en passant la porte ! Dans *Hiroshima mon amour* d'Alain Resnais, Emmanuelle Riva portait des escarpins à petits talons quand on la voyait en pied, mais, dans les plans coupés à la taille avec Okada, pour ne pas paraître plus grande que lui, elle portait des ballerines. Dans la séquence du défilé contre la bombe atomique qui commençait en plan rapproché sur eux deux, elle avait donc ses souliers plats. Et quand, à la fin, il sont séparés par la foule et qu'il la retrouve sur le pont en plan d'ensemble, elle n'a évidemment pas ses petits talons. Je suis peut-être la seule à le savoir et à le voir, mais cela me gêne toujours. Dans *Stavisky*, également d'Alain Resnais, Charles Boyer, quand il est assis au théâtre, n'a plus sa rosette à la boutonnière.

J'ai remarqué que c'est souvent dans ces petits détails qu'une scripte se fait piéger, car lorsque l'acteur arrive sur le plateau il ne suffit pas de se dire : "Il a le bon costume", il faut se donner la peine de vérifier aussi que tout est conforme à sa première apparition... où l'on est censé avoir tout noté ! Que celle qui n'a jamais oublié une paire de gants, une bague, la couleur d'une cravate, la forme des chaussures ou un bijou me jette la première pierre... Dans *Conseil de famille* de Costa-Gavras, Fanny Ardant avait une très jolie paire de boucles d'oreilles. Mais, comme elles lui faisaient un peu mal, elle les avait ôtées pendant la préparation d'un plan compliqué. Au moment de tourner, impossible de retrouver les boucles d'oreilles. Pour ne pas perdre de temps, on a tourné sans. Je ne vous cache pas que je suis *très ennuyée* quand je revois cette séquence. (Jeanne Witta m'a raconté que, dans *Gribouille* de Marc Allégret, Raimu n'a jamais voulu remettre le pull-over "raccord" quand il remontait d'une cave, car il ne se sentait pas à l'aise avec...) Mais là où vous avez des surprises, c'est lorsque vous allez voir, monté, le film sur lequel vous avez travaillé. Les raccords pour lesquels vous vous faisiez tant de mouron passent comme une lettre à la poste, et d'autres surgissent à vous faire honte. C'est souvent le cas du film trop long qu'il faut raccourcir. Alors, au montage, le metteur en scène, le monteur, et parfois le producteur décident de supprimer carrément toute une séquence de 2 à 5 minutes. Et l'on voit arriver l'actrice en tailleur alors qu'elle était sortie de chez elle en robe... Ou bien lorsque, pour des questions de jeu, on a monté le plan d'ensemble, où la comédienne avait les bras ballants, avec le plan plus serré, où elle avait les bras croisés (car elle jouait moins bien dans la prise raccord avec les bras le long du corps), vous voyez rouge. Pourtant ce jour-là, j'avais signalé au réalisateur que le raccord n'était pas bon, il m'avait accordé une autre prise, je lui en avais été reconnaissante, mais ce n'est pas celle qui a été choisie en définitive... C'est pourquoi vous passez souvent d'un sentiment de satisfaction à un sentiment de découragement et de frustration.

Dans *Two for the Road*, en 1966, la caméra, sur auto-travelling, devait précéder Audrey Hepburn et Albert Finney dans leur voiture décapotable ; comme j'étais enceinte, Stanley Donen me dit de rester sur le bord de la route en fin de parcours, pour noter les métrages et ses remarques à la fin de chaque prise. Ils commencèrent donc par répéter le parcours, puis le texte, et Audrey Hepburn gardait son blouson car il faisait froid... A la troisième répétition, Stanley Donen décida en douce, avec le cadreur, de tourner la répétition sur pellicule (certains metteurs en scène aiment ainsi tourner à la sauvette, les acteurs y étant parfois plus spontanés) et, en bout de parcours, l'assistant opérateur m'annonça le métrage ; étonnée, j'ai demandé au metteur en scène : "Vous avez tourné ? — Oui, j'ai oublié de vous le dire ! — Et vous avez oublié aussi de lui ôter son blouson !" Il a ri et on a recommencé sans le blouson. Ensuite j'ai toujours fait mon possible pour être sur l'auto-travelling, près de la caméra, dès les répétitions. Et comme les trois quarts du film se sont faits en roulant, j'ai accouché avec trois semaines d'avance...

Sur d'autres films, je me suis trouvée confrontée à un autre problème quand, sur l'auto-travelling, fouettée en plein vent, il m'était impossible d'entendre exactement ce que disaient les acteurs enfermés dans leur voiture à cinq mètres de nous, tandis que les techniciens du son et le réalisateur avaient des écouteurs reliés aux micros émetteurs cachés dans la voiture... Alors j'ai préféré me planquer au sol sous la banquette arrière (cela n'est possible que si les sièges avant sont suffisamment rapprochés pour qu'on ne m'aperçoive pas, même recroquevillée sous un tissu noir). Ainsi dans *Dragées au poivre* de Jacques Baratier ou *Hanna K.* de Costa-Gravas, je pouvais faire le clap, suivre le texte, noter les virages, souffler leur texte aux acteurs afin qu'ils reprennent la phrase sans qu'on ait à couper et à refaire un clap (souvent, quand on roule sur un tronçon d'autoroute, on enchaîne les prises sans couper le moteur caméra, même s'il y a des erreurs), chronométrer et signaler à la caméra quand il fallait recharger, puisqu'on était relié à l'auto-travelling. Et parfois il fallait vite redonner un clap de fin quand celui du début n'était pas bien cadré, et préparer le suivant, sans oublier de noter où on s'était arrêté à la prise précédente, etc. Jean Yanne, qui donnait la réplique en anglais à Jill Clayburg tout en conduisant, m'a demandé à la fin de ce plan, après une demi-douzaine de prises et des kilomètres de route : "Et avec vos orteils, qu'est-ce que vous faites ?" Dans *Section spéciale*, toujours de Costa-Gavras, je me suis trouvée à plat ventre sous une console pour suivre la scène, car la caméra faisait un tour complet dans un grand hall avec des glaces partout. (Heureusement, je n'étais pas enceinte !)

Il y a des heures où l'on a le sentiment d'être "seule contre tous" et où l'on ne peut bien faire son travail qu'à condition de "déranger". On ne se prive pas de vous le faire sentir, d'ailleurs. Ainsi la régie ou les assistants s'impatientent quand j'immobilise le taxi qui a fini de "jouer" afin de noter la couleur des sièges, les accessoires du tableau de bord, la couleur du costume du chauffeur et le numéro de sa plaque d'immatriculation... "Tu aurais pu faire ça avant !" (Eux aussi ! pourtant je n'ai pas arrêté de noter...) "En tout cas, ça ne sert à rien, il ne revient plus, *ton* taxi !" Mais quand, un mois plus tard, dans *Le Locataire* ou dans *Missing*, il a fallu le faire revenir, ce taxi, car Polanski et Costa-Gavras avaient besoin d'un plan supplémentaire à l'intérieur du véhicule en question, c'est vers la scripte qu'ils se précipitent tous : "Tu te souviens du taxi ?... Le chauffeur était-il nu-tête ?... Avec ou sans moustaches?... Il y avait un plaid sur les sièges avant ou arrière ?..." Dans ces cas-là, il faut savoir répondre avec modestie.

Les tournages sous la pluie ou par grand froid sont très pénibles pour les acteurs comme pour toute l'équipe. La scripte, tout en suivant le texte, doit écrire avec des doigts gourds malgré ses gants sous un plastique qui protège ses cahiers et son découpage et noter ce que font les comédiens malgré la pluie qui brouille toute visibilité. Et lorsqu'on lui demande un renseignement et qu'elle est obligée de sortir le cahier pour se relire et que deux ou trois grosses gouttes tombent sur ses notes et diluent ce qu'elle vient d'écrire... (Sur le tournage de *Tess*, j'en ai pleuré de rage.)

En studio, en revanche, j'ai le temps de tout bien noter à l'avance et de faire un croquis exact de tous les meubles du décor. Ainsi quand je constate (dans *The Only Game in Town* de George Stevens) que pour installer le travelling le lendemain matin tout a été déplacé : "Il manque une table au milieu." Le machiniste me répond : "On ne recule pas si loin." — "Le vase sur le bar ?" Le cadreur me répond : "Je ne panoramique pas à gauche." — "Le tapis ?" — "C'est un plan coupé aux genoux, et je n'ai pas non plus ses souliers." — "Le canapé à droite ?" — "Il est trop bas, je ne l'ai pas dans le cadre, viens donc regarder toi-même dans l'œilleton." Et l'accessoiriste, hilare, de me chuchoter : "Ils m'ont tout fait virer car rien n'est dans le champ !" Entêtée, je continue à récapituler un à un tous les accessoires et meubles manquants, d'après mon croquis général, et tout à coup je demande : "Et le fauteuil à bascule près de la porte ?" Les quolibets s'arrêtent, et on remet le fauteuil dont le dossier, lui, est dans le champ. Ne pas se rengorger pour autant...

Depuis que l'on tourne beaucoup en décor réel, c'est-à-dire le plus souvent dans des lieux exigus, une fois les acteurs et les projecteurs en place et la caméra sur l'épaule de l'opérateur, il y a tout juste place parfois pour le réalisateur et le pointeur. On fait sentir à la scripte à la fin de la première répétition qu'elle prend trop de place avec ses cahiers ; et quand elle essaie de voir la scène, coincée entre deux projecteurs, c'est justement de là que le perchman peut le mieux suivre le texte. (C'est encore pire que le tournage dans une automobile !) Et lorsque, à la fin du plan, la scripte veut prendre une photo Polaroïd (après avoir posé ses cahiers et chargé rapidement son appareil), le réalisateur s'énerve une fois sur deux, trouvant qu'elle retarde la préparation du plan suivant en immobilisant tout le monde (pendant une minute !). C'est là qu'elle se sent rejetée, inutile, et parfois la tristesse s'insinue. Mais si, le lendemain (ou quelques jours après si l'on est loin de Paris), le laboratoire signale que le plan en question, tourné dans des conditions si inconfortables pour toute l'équipe, doit être refait, la situation est tout à coup renversée, on se bouscule avec des mines de conspirateurs devant le "bureau de renseignements" qu'est devenue la scripte :

— Le directeur de production veut savoir exactement, pour se faire rembourser par les assurances, combien de temps on avait mis pour répéter, éclairer et tourner ce plan ;

— Le régisseur demande si la dame qui jouait "raccorde" vraiment (car elle est partie sur un autre tournage) ; si c'est la voiture bleue ou la noire qu'il faut faire revenir et avec quelle couleur de sièges ;

— L'assistant s'inquiète de savoir si, dans le cadrage effectué, on risque d'avoir le gosse qui jouait par terre (en période scolaire on ne peut avoir les enfants que le mercredi), ou si on peut l'"oublier" ;

— Le chef opérateur voudrait que je lui confirme le diaphragme et le numéro du filtre ;

— Le premier assistant opérateur veut que je lui précise à quelle distance étaient les acteurs ;

— Le deuxième assistant opérateur voudrait savoir avec quelle émulsion on avait tourné ce plan (quand on utilise deux sensibilités de pellicule différentes), et quel est le numéro du magasin employé ce jour-là (au cas où la rayure serait sur le négatif), de façon à pouvoir le changer ;

— L'accessoiriste demande si l'acteur avait à ce moment-là son verre plein ou s'il débouchait la bouteille (il faudrait alors commander de nouvelles bouteilles) ;

— L'habilleuse a oublié s'il fallait la cravate à petites ou à larges rayures pour demander à l'acteur de la rapporter (car elle lui appartient personnellement).

Vous vous sentez tout à coup indispensable, et même, pendant un court instant, vous avez l'impression de tenir les commandes ; tout le monde "il est gentil", ils sont suspendus à vos... notes, vous êtes estimée, les rancœurs sont oubliées, le paradis n'est pas loin. Vous revoilà gonflée à bloc jusqu'à la prochaine algarade. Eh oui ! Il faut être un peu "maso"... Tout le monde cependant ne supporte pas les douches écossaises. C'est pourquoi, parmi mes collègues ou mes anciennes stagiaires, certaines sont passées du métier de scripte à d'autres fonctions :

— Celles qui n'aiment pas se laisser marcher sur les pieds et qui sont douées d'un tempérament créateur sont devenues photographes, scénaristes, écrivains, assistantes du réalisateur, metteurs en scène, ou journalistes.

— Celles qui ont plutôt un tempérament d'organisatrice sont devenues régisseurs, comptables ou directrices de production.

— Celles qui avaient charge de famille ont préféré la sécurité d'emploi et des horaires plus réguliers en entrant à la télévision.

— Celles qui sont du vif-argent préfèrent être scriptes vidéo.

— Celles qui ont tout quitté pour suivre l'homme de leur vie sont devenues mères de famille, cultivatrices ou bergères.

— Celles qui sont restées trop longtemps sans emploi sont devenues secrétaires de direction, interprètes ou hôtesses.

— Celles qui, au bout de 150 trimestres ou 37 ans et demi de bons et loyaux services, en ont eu assez de remplir toutes ces paperasses et ces rapports à longueur de journée sans jamais vraiment se sentir valorisées ont pris leur retraite, après la disparition du metteur en scène avec lequel elles ont fait toute leur carrière.

Devenir scripte dans le cinéma tente un certain nombre de femmes ayant exercé d'autres professions où elles ne se sentent plus à l'aise (l'enseignement, par exemple). D'autres veulent quitter les feux de la rampe et passer derrière la caméra (comme certaines comédiennes, danseuses ou mannequins). D'autres encore sont d'anciennes assistantes monteuses qui étouffaient dans leur salle de montage et préfèrent au tête-à-tête avec leur chef ou le réalisateur les contacts variés et les horizons changeants du tournage.

A force de demander le métrage ou de regarder dans l'œilleton de la caméra, des scriptes ont épousé des opérateurs, mais on ne fait pas toujours le même film ensemble par la suite ; d'où séparation et parfois divorce. D'autres sont devenues indispensables à leur réalisateur par leur coopération à la mise en scène, et sont passées assistantes. Dans ce cas il n'y a plus d'horaires, il vaut mieux rester célibataire, quitte à se retrouver de plus en plus seule au fil des années — et des tournages qui s'espacent.

Soyez persuadée que les metteurs en scène avec qui vous vous entendez bien sont ceux qui vous supportent plus longtemps que les autres. Certains vous en veulent quand vous refusez de tourner avec eux si vous vous êtes déjà engagée avec un autre, et ils ne vous reprennent plus. Sans compter ceux qui ne prennent pratiquement jamais de scripte, tels Rohmer, Doillon, Godard ou Robbe-Grillet (qui préfère avoir sa monteuse sur le plateau) ou bien ceux qui préfèrent avoir un script-boy.

N'oubliez pas non plus que nul n'est indispensable et que bien des films se font sans scripte, ou sans cadreur, ou sans assistant. Cette impression que le film aura du mal à continuer sans vous, tant on s'investit, on la ressent quand on se fait remplacer sur un tournage. Mais là encore on se fait des idées fausses : si on a laissé des notes et des croquis clairs, avec des Polaroïd bien classés par séquences et le numéro du plan bien lisible au bas de chacun d'eux, tout se passe très bien.

Depuis plusieurs années, nous disposons avec la vidéo d'un nouveau support qui connaît une expansion remarquable. Tous les techniciens du film font ou feront un jour ou l'autre de la vidéo. Cette technique a formé peu à peu ses techniciens et la scripte a été obligée de s'adapter, ou de se former à cette nouvelle méthode de travail.

Lors de la préparation d'une émission et de son enregistrement, elle devient la plus proche collaboratrice, le bras droit du réalisateur.

La scripte fait le lien entre la préparation et le tournage, entre le tournage et le montage, et — lors de l'enregistrement — entre le plateau et la régie.

La scripte vidéo travaille sur différents types d'émissions. Je ne prétends pas en donner ici la liste complète ni en expliquer par le menu les tenants et les aboutissants, mais j'espère pour le moins en éclaircir l'abord et commencer à en rendre familier le contenu.

LES ÉMISSIONS DE VARIÉTÉS

Lors de la préparation, la scripte note les divers emplacements des présentateurs et des invités. Avec le réalisateur et son assistant, elle met en place un *conducteur*, indiquant la succession des séquences, le temps qu'elles doivent durer, le son qui y est inhérent (en référence, vous pouvez, pages suivantes, lire le conducteur du 27 novembre 1986 concernant l'émission "Champions"). Elle écoute les bandes enregistrées des chansons afin d'en faire un minutage précis. Le découpage qu'elle écrit au fur et à mesure que le réalisateur le lui indique tient grandement compte de ces repères que sont les couplets, les refrains, les plages musicales. Le mieux et le plus sûr est de se procurer les paroles et de noter en marge les temps ainsi que les changements de caméra (ci-contre découpage chanson "Elle était venue du Colorado"). Ce document servira donc au moment du direct à informer les cadreurs sur leurs cadres et le réalisateur sur son découpage, car, pendant le direct, la scripte est la seule à avoir des notes : elle a toute la continuité sur les épaules.

Certaines émissions de variétés se font en duplex, voire en triplex. Ainsi, il m'a été donné de faire le 31 décembre 1984 une émission ("Bonjour monsieur Orwell") qui se déroulait à Beaubourg en liaison avec les Américains et les Allemands. Nous avions à notre disposition sept caméras réparties sur deux des étages du Centre Pompidou. La prise d'antenne avait lieu à 18 heures, et l'émission durait une heure : ce furent soixante minutes palpitantes ; en sortant du car à la fin du direct, j'avais l'impression d'avoir couru le marathon.

Pendant un direct, la rapidité d'exécution de la scripte est mise à rude épreuve. Elle doit surveiller sa montre et son chronomètre avec une grande rigueur, être sans cesse vigilante au temps qui s'est écoulé depuis le début de l'émission et surtout au temps restant avant que la chaîne ne reprenne l'antenne, car, dans un direct, pas

"ELLE ETAIT VENUE DU COLORADO" 3' 50"
----

(3)   Intro = 13"

PM + (4) —— Elle était venue du colorado
Pano→   Pour voir du pays, pour changer de peau
           Elle posait nue pour gagner sa vie
GP (3) ——Katy du Play-Boy et Lui

PA (4) ——Tout a commencé comme une Love Story
         Qu'est ce qu'il était bleu le ciel de ma vie
         On se comprenait, mais je m'en voulais
PS (1) —— De parler si mal anglais.

         Elle habitait un petit studio ~~studio~~
         On dormait sur des coussins de soie
PA (4)——Elle me chantait souvent des airs de là-bas
         Avec le son américa

(2)——Elle était venue du colorado
     Co-girl ingénue sortie des troupeaux
     Pas toujours bien vu de tous ces voisins
PS (1)——De poser nue c'est pas bien
+ zoom

         Tempo musical....14"

         Elle est repartie vers les Etats-Unis
         Je n'ai jamais bien compris pourquoi
         J'ai gardé les derniers mots qu'elle m'a écrit
GP (3)   'Pardon, je t'aime, je rentre chez moi '

         Elle était venue du colorado
         Pour voir du pays, pour changer de peau
(2)   Elle posait nue
         Pour gagner sa vie
         Katy de Play-Boy, et Lui

PS (4)   Tempo musical..... ←——schluter.
+ zoom arrière
         Elle posait nue
         Pour gagner sa vie
         Katy du Play-Boy et Lui

         + 15" musique.

─────── 151 ───────

HORAIRES	SOURCE	SEQUENCES	DUREE	SON	DIVERS
14 H 30		1/ GENERIQUE	1'30"	E.M.	
14 H 31'30"	PLATEAU	2/ ARRIVEE MICHEL DENISOT (COUR) BONJOUR SOMMAIRE ARRIVEE JEAN CLAUDE KILLY ET MICHEL SARDOU (CENTRE)	2'		
14 H 33'30"	PLATEAU	3/ CHANSON MICHEL SARDOU " AFRIQUE ADIEU "	4'30"	B.O.	BAR
14 H 38'	PLATEAU	4/ MICHEL DENISOT + J.C.KILLY + M. SARDOU LANCEMENT FILM SUR KILLY	2'		SALON
14 H 40'	COGNACQ	5/ FILM J.C. KILLY	27'	E.M.	INSTALLATION ORCHESTRE
15 H 07'	PLATEAU	6/ MICHEL + J.C. KILLY + M. SARDOU LANCEMENT VERONIQUE SANSON (COUR)	3'		SALON
15 H 10'		7/ CHANSON VERONIQUE " AVEC UN HOMME COMME TOI "	4'	DIRECT	ORCHESTRE SUR PRATICABLE PIANO DEVANT

HORAIRES	SOURCE	SEQUENCES	DUREE	SON	DIVERS
17 H 16'30"		38/ LES SHORTS " COMMENT CA VA "	3'30"	B.O.	PRATICABLE
17 H 20'	PLATEAU	39/ MICHEL REMET DISQUE D'OR	0'30"		PRATICABLE
17 H 20'30"	PLATEAU	40/ MICHEL + SARDOU + KILLY ANNONCE DE PARIS / DAKAR PARTICIPATION DE M.SARDOU ARRIVEE PATRICK TAMBAY	2'		RIDEAU BLANC BAISSE
17 H 22'30"	COGNACQ	41/ ILLUSTRATION PATRICK TAMBAY	1'30"		
17 H 24'	PLATEAU	42/ MICHEL + SARDOU + KILLY + TAMBAY LANCEMENT ALEX METAYER	2'		SALON
17 H 26'		43/ ALEX METAYER " JE REVIENS DE LOIN "	3'	DIRECT	BAR,IL EST SUR UN TABOURET
17 H 29'	PLATEAU	44/ MICHEL AU REVOIR + A N N O N C E N O E L	1'		
17 H 30'		45/-CHANSON MICHEL SARDOU " VLADIMIR ILITCH "	4'	B.O.	CENTRE
17 H 34'		46/ GENERIQUE DE FIN			

question de dépasser. Après nous, il y a la pub ou les informations et il est impossible de décaler toute une grille de programme pour une émission qui prend du retard ou qui est trop courte. Il faut donc sans arrêt calibrer, savoir combien sont censées durer les séquences qu'il reste à faire, savoir écourter... en un mot, s'adapter toujours à la situation présente.

LES RETRANSMISSIONS THÉÂTRALES

La préparation consiste à assister plusieurs fois à la pièce à enregistrer. Pendant les représentations, la scripte commence à noter des renseignements tels que les entrées et les sorties des comédiens, leurs déplacements sur la scène, le fait qu'ils arrivent côté cour ou côté jardin, etc. Elle portera donc un maximum de notes sur le texte de la pièce. Très souvent le réalisateur filme une des représentations ; ensuite, avec sa scripte, il revoit cet enregistrement afin de décider des plans. La scripte inscrit tout : quelle caméra filme quel comédien, quelle valeur de plan désire le réalisateur. Elle prend des repères par rapport aux déplacements des acteurs et par rapport au texte. Petit à petit, en revoyant la pièce, en travaillant avec le réalisateur, le découpage se précise et, quand le grand soir arrivera, la scripte devra posséder à fond la continuité.

Bien souvent, pendant le direct ou l'enregistrement, la scripte n'a pas le temps de tout détailler aux cadreurs. C'est pourquoi elle aura eu soin de donner à chacun d'eux un document où les plans seront numérotés, ce qui leur permettra, en cas de besoin, de retrouver le plan précis en un temps record (voir ci-contre). Les techniciens ont pour habitude de numéroter les caméras de gauche à droite, de façon que cette numérotation corresponde à l'ordre indiqué sur le pupitre (voir croquis ci-contre).

N° du plan	Caméra	Descriptif du plan
1	2	Plan large de toute le scène Zoom avant .
2	3	P.S. de la comédienne .
3	1	P.M. des deux comédiens .
4	2	P.P. des comédiens, pano d'accompagnement G/D .
↓	↓	↓ .....
43	3	P.A. sur entrée du comédien côté jardin .
44	1	G.P. du comédien au sol côté cour .
		....
ETC		

Pendant qu'elle travaille en régie, la scripte doit sans cesse regarder les écrans de contrôle qui correspondent chacun à une des caméras. Elle doit veiller à ce que les cadrages soient prêts, c'est-à-dire fidèles aux exigences du réalisateur. Elle peut à tout moment communiquer avec les cadreurs grâce au micro qu'elle a devant elle et qui est directement relié à des casques que les cadreurs ont sur les oreilles.

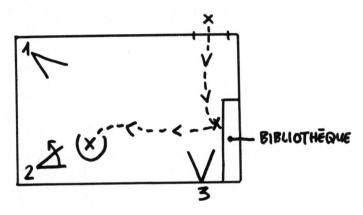

LES ÉMISSIONS DE PLATEAU

Elles sont toujours préparées selon le même principe, à savoir la mise en place d'un conducteur. Dans l'exemple que vous trouvez ici, vous pouvez constater que, au cours d'une émission, il y a plusieurs lancements de "magnéto" : il s'agit d'éléments préenregistrés qui seront diffusés entre les différents plateaux en illustration des propos tenus par le présentateur ou ses invités. Pendant son temps de préparation, la scripte aura visionné tous ces enregistrements et les aura minutés, elle devra aussi en connaître le plan de début ainsi que le plan et la phrase de fin. Ces informations permettront au réalisateur de faire de bons raccords et à l'ingénieur du son de faire un "schinte" au moment opportun pour retrouver élégamment le son du plateau.

LES FICTIONS

La préparation de la scripte est assez longue. Elle fait dans un premier temps le même type de travail que pour le film. Ensuite, elle assiste (activement) aux répétitions que le réalisateur met en place avec ses comédiens dans un espace où le décor est suggéré. Elle est munie des plans au sol de chaque décor et y porte les emplacements de caméras que désire le réalisateur ainsi que les déplacements des comédiens. Sur son script, elle prend ses repères par rapport au texte et/ou aux actions. Comme un dessin vaut mieux qu'un long discours...

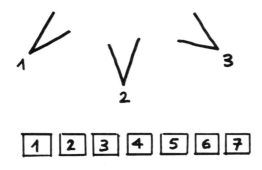

Sur ce plan, le comédien (dont le déplacement est indiqué en pointillé) entre dans la pièce (caméra 3), va à la bibliothèque, où il prend un livre ; puis il se dirige vers le fauteuil (caméra 2 avec pano d'accompagnement droite/gauche), où il s'assoit. On reste un instant en gros plan sur son visage (caméra 1).

Quand les répétitions sont terminées, ce qui peut prendre des semaines en cas de dramatiques de plusieurs heures, la scripte met tous ses papiers en ordre et à jour, afin d'être parfaitement prête pour l'enregistrement, où sa tâche consistera à faire retrouver à tous le découpage mis en place par le réalisateur au cours des semaines précédentes... et pas de droit à l'erreur !

LES ÉMISSIONS DE MONTAGE

Un dernier grand type d'émission est l'émission purement de montage. Là, la scripte est dans la salle de montage avec le réalisateur et le monteur. Comme exemple, je prendrai une série d'émissions sur laquelle j'ai travaillé pour feu T.V. 6 : "Sixties". Notre matériel était constitué d'une assez grande quantité de documents fournis par l'I.N.A. et la Gaumont, entre autres. Ces documents, la plupart du temps en film, passent d'abord au télécinéma afin d'être recopiés sur support vidéo. Après avoir, là aussi, mis en place le déroulement de l'émission (voir ci-contre), la scripte, au fur et à mesure du montage (pendant lequel elle donne les numéros des bandes éléments et les repères de temps qu'elle aura déterminés au cours d'un visionnage préalable), fait un conducteur qui partira avec la bande antenne et qui la suivra jusqu'en régie finale (voir pages suivantes). Elle remplit aussi un imprimé qui permettra à la Société des auteurs de savoir avec précision à qui payer les droits de diffusion pour telle œuvre, au prorata du temps pendant lequel elle est passée à l'antenne (voir pages suivantes). Ces droits d'auteur sont bien sûr tout aussi indispensables pour les émissions de variétés.

Il existe enfin un autre grand type de travail qui, cette fois, fait sortir la scripte du cadre de la télévision :

LES CONVENTIONS

J'ai eu à faire, avec une maison de production privée, une convention pour une grande marque d'automobiles. Le palais des Congrès de Nice avait été loué à cet effet. Un spectacle mettant en scène les nouveaux modèles de voitures devait être enregistré en même temps qu'il avait lieu pour des spectateurs invités : tous des dirigeants ou les gérants des garages distribuant la marque sus-non nommée. Ce produit vidéo que nous avions à charge de créer avait pour objectif

HORAIRE ANTENNE	MUSIC + SOUND EFFECTS	N° BANDES CODES	SEQUENCES	TECHN.	TIME
	THE KINKS "You really got me"		GENERIQUE DEBUT SIXTIES Les années 50/60 proposée par Gérard JOURD'HUI Maxime DEBEST, Serge MICHEL - Français, Françaises (de Gaulle)	ADO	
			PREBOIST + DAC		
	JOHNNY HALLYDAY "Kily Watch"		GENERIQUE KILY WATCH	ADO	
	THE KINKS "You really got me"		GENERIQUE FEUILLETON 1er feuilleton : "La grande vallée" 1		
	THE KINKS Voix Off		SIGLE SIXTIES (générique début) COMING NEXT "Les chevaliers du ciel" 1 (extrait générique)		
	JOHNNY HALLYDAY "Kily Watch"		GENERIQUE KILY WATCH		
	HENRI SALVADOR "Faut rigoler"		GENERIQUE HUMOR	ADO	
	THE KINKS		GENERIQUE FEUILLETON 2e feuilleton :"Les chevaliers du ciel 2		
	THE KINKS Voix Off		SIGLE SIXTIES (générique début) COMING NEXT : "Destination Danger" 2 (extrait générique)		
	LITTLE RICHARD "Tutti Frutti"		GENERIQUE TUTTI FRUTTI	ADO	
	SHADOWS "F.B.I"		GENERIQUE JOURNAL PREBOIST + DAC	ADO	
	THE KINKS		GENERIQUE FEUILLETON 3e feuilleton :"Destination Danger"3		
	THE KINKS Voix Off		SIGLE SIXTIES (Générique début) COMING NEXT :"Au coeur du temps" 3 (extrait générique)		
	JOHNNY HALLYDAY "Kily Watch"		GENERIQUE KILY WATCH		
	SHADOWS "F.B.I"		GENERIQUE JOURNAL PREBOIST + DAC		
	HENRI SALVADOR "Faut rigoler"		GENERIQUE HUMOUR		
	LITTLE RICHARD "Tutti Frutti"		GENERIQUE TUTTI FRUTTI		
			GENERIQUE FEUILLETON 4e feuilleton :"Au coeur du temps 4		
	THE KINKS Voix Off "Semaine prochaine"		SIGLE SIXTIES (générique début) Bande Annonce NEXT WEEK		
			GENERIQUE FIN	ADO	
24H					

SIXTIES N° 2

CODE		
	Noir clap- [Séq. 1] avant la grande vallée - durée 6'26''13 Décrypte	
2.30.00	[Générique début] _____ "Françaises, Français"	N B
	Pt général de gaulle _____ Musique	C
	Carton Sixties _____	
3.47.09	Fin générique fin musique	
	GP Pierre Dac _____ "Mesdames"	C
	GP Paul Préboist _____ "Messieurs"	
4.32.20	GP Pierre Dac " ...dans l'estomac du directeur gal"	C
	[Générique Kili Watch] musique	
	virage en 4	
4.39.05	fin générique Musique	C
	Plan d'un nageur "Si je chante, c'st pour toi.."	
	Pano vertical pour découvrir	
	Sylvie Vartan	
6.26.10	Une jeune femme plonge dans fin musique	N B
	une piscine.	
	PT de Jean Richard ___ "Mais attention, comme à la T.V., pas de publicité!"	
6.53.02	Pierre Dac + Paul Préboist "... c'st une banque jeune"	C
	GP arrivée voiture musique	N B
	Reportage sur la sortie de l'Ariane + commentaire	
7.32.08	Reportage sur les coiffures et les chapeaux "	N B
8.31-23	[Générique feuilleton] _____ Musique	C
	virage avion sur ciel bleu	
	l'image va droite écran	
	Image en 4	
8.56-13	fin générique arrêt musique	
	LA GRANDE VALLÉE 52'	

SIXTIES N° 2

CODE	

Noir clap. [sép. 5] avant la fin de l'émission - durée 4'46"½

1.18.00.00 [Sigle Sixties] — musique C_

Pierre Dac et Paul Préboist " Mesdames, Mademoiselle " C

Annie Philipe chante " le ticket de quai " "et bons baisers de partout" C

1ʰ 21.02.02 [Générique de fin] — musique + chant C

...ados en 4 ↓

fin musique -

1ʰ 22.21.01 Découlant musique

↓

titre des chansons

le fakir (Duc.)

1ʰ 22.46.16 Fondu au noir - sainte musique -

ENREGISTREMENT	DROITS D'AUTEURS	DIFFUSION

ENREGISTREMENT		DROITS D'AUTEURS	1976 DA	DIFFUSION
N°				DATE 5 novembre 86
DATE		TITRE DE L'ÉMISSION		HORAIRE DÉBUT 20ᴴ10
Chef d'atelier		SIXTIES n° 2		FIN 24ᴴ
RÉALISATEUR G. Jourd'hui	RELEVÉ ÉTABLI PAR (NOM, QUALITÉ Isabel Salvini script Mahieuf_ assistant, régisseur, script, producteur délégué, illustrateur sonore — et SIGNATURE)			MINUTAGE TOTAL

Titre des œuvres	Genre (Chant Orchestre piano solo etc.)	Nom, prénom des auteurs (1)		Disques du commerce Marque et numéro	Détail des minutages (2)	
		Musique	Texte		Enreg.	Direct
You really got me	C	Davies			3'30"	
Kili Watch	C	Gus Desse / Jil et Jan			0'21"	
Peter Gunn	C	Mancini			1'30"	
Tutti frutti	C	Pennyman / Labostrie / Blackwell			0'34"	
Faut rigoler	C	Boris Vian / Henri Salvador			0'32"	
Dansons la rose	C	Marnay / Haydn Wood			0'30"	

(1) Ajouter AD., AR. ou TR. devant le nom d'un adaptateur, d'un arrangeur ou d'un traducteur.
(2) Direct avec enregistrement simultané : ajouter E.S. devant le minutage.

Disques en direct : indiquer le minutage dans la colonne « Enregistre » de fournir une documentation précise sur les nouveaux modèles et une mise au point de l'état général de l'entreprise. Sur la scène avait donc lieu un spectacle assez grandiose, que nos caméras vidéo avaient à montrer le mieux possible. Comme d'habitude, la préparation avait servi à déterminer un plan de travail (voire un plan d'attaque) avec emplacement des caméras et rôle de chacune. Sur la scène, il y avait aussi un pupitre où des intervenants exposaient les grands thèmes et donnaient des chiffres. De façon que toute la salle (qui est vaste) profite également du spectacle et des orateurs, un eidophore était installé, qui projetait les images que nous fabriquions dans le car régie. Une palette graphique, dont l'image était elle aussi projetée sur un grand écran, venait aider la compréhension en illustrant clairement (je crois l'avoir déjà dit, un dessin vaut mieux qu'un long discours) les propos et raisonnements tenus.

Un dernier mot des émissions en direct. Elles sont peut-être difficiles à réaliser, mais tellement excitantes. Tout est toujours remis en question, il faut sans cesse s'adapter, ne jamais s'affoler, toujours être sur le qui-vive. Il est assez émouvant de penser que des milliers de téléspectateurs voient l'émission en même temps qu'elle est faite ; que le travail de toute une équipe ne pourra pas être repris, aménagé, trafiqué, écourté... Il faut trouver le meilleur dans l'instant car tout se fait *hic et nunc*. Scripte sur une émission qui suivait le tour de France à la voile, j'ai vécu ainsi un mois et demi éprouvant physiquement et moralement. L'emploi du temps de ce tournage était à peu près le suivant :

8 heures : Rendez-vous sur les lieux du tournage, mise en place du décor et des caméras. Répétitions avec la journaliste et les participants. Visionnage des reportages qu'une équipe légère avait tournés la veille et le matin même et qui était monté pendant ces mêmes répétitions par un monteur rapide et efficace...

11 h 30 : Dans le meilleur des cas, tout est prêt et on fait une filée générale.

12 h 30 : Prise d'antenne pour l'émission en direct d'une heure.

13 h 30 : "A vous les studios". Le direct est terminé.

13 h 31 : Soupir général, embrassades. Tout s'est bien passé.

13 h 32 : Démontage, on range le matériel lumière, les caméras...

14 h : Repas.

15 h 30 : Chacun monte dans le véhicule qui lui est assigné et prend la route (parfois quatre ou cinq heures de trajet) pour se rendre sur le décor du lendemain. L'équipe légère part de son côté pour faire un reportage sur la ville ou la région qui abritera la prochaine étape.

Dans l'après-midi : Arrivée de toute l'équipe. Installation à l'hôtel. Avec la réalisation, repérage pour le lendemain, dernière prise de contact avec les autorités du lieu.

20 h : Réunion de travail pour décider des thèmes du direct à venir.

21 h : Repas... et puis un sommeil bien mérité.

Le lendemain, tout recommence et le surlendemain aussi.

CONCLUSION

Il va de soi que j'ai passé sous silence toutes les questions fondamentales se rapportant aux raccords ; Sylvette Baudrot vous a donné à ce propos toutes les informations nécessaires. Même si vous ne vous destinez qu'à la vidéo, lisez attentivement ce qui concerne le film, car un raccord reste un raccord, qu'il soit filmé en 16 mm, en 35 mm ou en 1 pouce.

Je voudrais maintenant rassurer les futures scriptes que les explications complexes développées dans ce livre ont pu effrayer : ne perdez jamais de vue que très rapidement des mécanismes se créent, des habitudes se prennent qui petit à petit facilitent le travail. Au fur et à mesure de l'expérience, celui-ci devient comme un réflexe, mais un réflexe qui continue à demander toute votre attention, toute votre concentration, toute votre application, toute votre compétence.

J'ajouterai que les carrières du cinéma sont plus que des métiers : ce sont des sacerdoces. Qui les pratique connaît un véritable épanouissement, bénéficie d'un enrichissement culturel grâce aux personnes rencontrées ou aux voyages effectués. La scripte est une perfectionniste ; les problèmes qu'elle doit résoudre sont différents d'un tournage à l'autre. Elle connaîtra donc pendant toute sa carrière la joie de l'esprit qui est celle d'APPRENDRE. Enfin, elle vivra dans cette ambiance magique qui est celle d'un tournage, et ce bonheur ne s'amoindrit pas avec le temps. Arriver le matin sur un plateau, voir les techniciens et les comédiens travailler, travailler avec eux, c'est un plaisir merveilleux. Toujours.

ANNEXES

PETIT GUIDE PRATIQUE
DES URGENCES

LE MATÉRIEL

L'efficacité d'une scripte sur le plateau se mesurant à son aptitude à pouvoir répondre au maximum de questions en s'encombrant du minimum de choses, voici ce que vous devez toujours avoir à portée de main :

• Votre chronomètre (autour du cou, ou attaché à la ceinture ou encore au creux de la main gauche, enroulé au poignet, si vous êtes droitière).

• Un crayon avec une gomme au bout.

• Votre scénario relié spirale (appelé indifféremment script ou découpage) dans lequel vous avez reporté, en tête de chaque séquence, toutes vos notes pour les raccords à prévoir (ce que j'appelle mes "garde-fous") et tous les pense-bête qui vous viennent à l'esprit pendant la préparation. Sur les pages blanches du début, collez la continuité chronologique (ce que j'appelle : ma "table des matières") avec le préminutage, le dépouillement par acteur, par véhicule, et toutes les adresses utiles... Sur les pages blanches de la fin, vous notez au fur et à mesure du tournage les sons seuls et les ambiances qui restent à faire, les inserts qui manquent, la liste des séquences incomplètes, des séquences supprimées, des play-back avec leur minutage et, sur la dernière page, votre grille vérificatrice du plan de travail avec un numéro dans chaque case, que vous barrez au fur et à mesure qu'il est entièrement tourné. Ainsi, du premier coup d'œil vous voyez ce qui reste à faire (si vous avez pris soin de retranscrire ces éléments d'une couleur différente pour chaque nouveau décor, comme sur votre continuité chronologique).

• L'un des quatre *gros cahiers écolier de brouillon continuité* (relié spirale lui aussi, pour faire moins de bruit, dont vous avez numéroté à l'avance chaque page — en laissant des blancs — et sur la couverture duquel vous avez inscrit en gros de quel à quel numéro il va), rempli dans l'ordre des séquences (certaines de mes collègues préfèrent utiliser des feuilles volantes qu'elles intercalent dans un classeur ; personnellement, je trouve cela plus encombrant, mais tout est question d'habitude...).

• Le *petit cahier de brouillon tirage*, broché, rempli dans l'ordre du tournage du premier au dernier jour. Je démarre chaque jour sur une nouvelle page, que je prépare en la datant et en traçant trois étroites colonnes parallèles à celle que délimite la marge rouge.

• Votre *appareil Polaroïd* ou *Kodak* faisant des photos instantanées.

Voici d'ailleurs l'inventaire de ma sacoche si lourde. D'abord le découpage, le cahier de rapports laboratoire, le cahier de rapports montage, le cahier de rapports production, un manifold pour rapports horaires, deux cahiers de brouillon — vous avez compris leur utilité —, un plan de travail, une feuille de service, les fiches des adresses des techniciens et acteurs ; ensuite, des chemises cartonnées de couleurs différentes pour classer les différents rapports une fois détachés de leurs souches — par exemple, une rose pour tout ce qui se rapporte au montage et une verte pour tout ce qui se rapporte à la production —, du papier carbone et des feuilles blanches, une housse de plastique transparent (pour protéger le script et les deux cahiers de brouillon quand il faut prendre des notes sous la pluie), une trousse d'écolier avec des trombones, un rouleau de scotch, une agrafeuse, des Bic de couleurs différentes, des crayons à gomme (j'en use une moyenne de trois par film !), deux taille-crayons (car souvent on vous emprunte votre matériel), des ciseaux, de la colle, une gomme, un canif, de la ficelle, un décapsuleur ; une mini-pharmacie avec aspirine, pastilles contre la toux, pansements, épingles à nourrice, coton, etc ; une trousse de couture, un peigne et une brosse, de la craie, des punaises, des Kleenex — attirail indispensable quand, en raison de l'exiguïté des lieux de tournage (barque, auto, etc.), l'équipe technique est réduite à trois ou quatre personnes, ou dans le cas d'un court métrage ou du premier film d'un copain —, mon chrono plus un de secours, des lunettes de soleil, un Polaroïd avec pellicule et flash. Sans oublier, quand on tourne en extérieurs, le plan de la ville, les horaires des trains, la liste des hôtels où sont descendus les différents membres de l'équipe, une capuche pour la pluie et un chapeau de toile pour le soleil. J'ai une collègue astucieuse (Lucie Lichtig) qui transporte tout cela dans un caddie.

LES QUESTIONS.
(en vrac)

Voici un aperçu des multiples *questions* que l'on risque de vous poser sur un tournage, à brûle-pourpoint :

- Quel minutage aviez-vous prévu pour cette séquence ?
- De combien a-t-on dépassé ?
- Combien de fois revient-on dans le même décor ?
- Quel était le numéro du magasin qui a bourré ?

- Après quelle réplique commence le play-back ?

- Est-ce qu'on a fait un plan taille sur elle disant telle phrase ? Ou seulement le gros plan ? Avec ou sans amorce ?

- Qu'est-ce qu'on a consommé comme pellicule pour tourner la cascade ? *(Papy fait de la résistance.)*

- Vous vous souvenez de la prise incomplète où il a si bien dit "Dommage" ? *(Stavisky.)*

- Pour le plan en pied, avait-on placé la caméra entre la porte et le buffet, ou carrément dans la porte ? *(Conseil de famille.)*

- Reconstituez-moi exactement les traces des verres laissées sur la table et leur bonne distance respective (*L'Immortelle*).

- La couleur exacte du dossier tenu par l'employé de bureau quand il traverse le couloir ? *(Playtime.)*

- Tirez-moi la prise complète la plus courte *(Lacombe Lucien)*.

- Faites tirer la prise où il a éternué.

- Le perchman : "On couvre quoi dans le plan d'ensemble ? Est-ce qu'on va reprendre des phrases en plan rapproché ? Lesquelles ?"

- L'accessoiriste : "Dans combien de plans va jouer la soupe, pour que je la fasse chauffer à temps ?"

- Le premier assistant opérateur : "Rappelle-moi les points (c'est-à-dire les distances) quand il s'est avancé sur nous" (pour retrouver les mêmes grosseurs dans le contre-champ).

- La comédienne : "J'ai tiré une bouffée de cigarette avant ou après qu'il m'a servi à boire ?" (Si, dans le plan d'ensemble, c'était avant et que dans le plan rapproché elle l'a fait après, il vaut mieux raccorder avec le second, ou bien, pour ne pas la troubler, vous lui répondez :

"Faites comme cela vous vient, car vous avez fait les deux", en priant le ciel qu'au montage tout s'arrange pour le mieux !...)

OÙ NOTER QUOI ?...
(munie de mon chronomètre et de mon crayon)

— Dans le scénario, sur *la page blanche de gauche,* en face de chaque nouvelle séquence, je dessine (plutôt mal que bien) le plan de chaque nouveau décor, avec les meubles importants, les tableaux et les accessoires jouant... Je note les costumes définitifs des acteurs avec leurs accessoires (sac, lunettes, parapluie, bijoux, etc.). J'inscris la marque, la couleur et les plaques d'immatriculation des véhicules jouant. Sur *la page de droite,* où le dialogue et l'action sont déjà polycopiés, je note au fur et à mesure du tournage les changements de texte et de jeu s'il y en a, et la liste des numéros de clap que j'ai donnés. Je trace des flèches verticales couvrant le tronçon de texte correspondant à chaque numéro tourné, en indiquant le numéro et la grosseur du plan, au départ du trait, et son minutage à la fin (quand le texte est dit *off,* je transforme la ligne droite en ligne brisée).

— Dans le *gros cahier de brouillon spiralé* (numéroté à l'avance par mes soins dans l'ordre de la continuité) que j'ouvre à la page de la séquence en cours, je note :

• Le nom du décor et l'effet lumière - la date du tournage - l'heure à laquelle on tourne le plan en question - le minutage correspondant à une prise complète - l'objectif - la distance - la hauteur - le diaphragme - le filtre et le diffuseur si on en utilise.

• La grosseur du plan et sur quel personnage.

• Si c'est un plan fixe ou en mouvement.

• Si c'est un plan à un, deux personnages ou plus.

• Si c'est un plan muet ou sonore - nom du rôle disant la première phrase (*in* ou *off*) - nom du rôle disant la dernière phrase (*in* ou *off*).

• Résumé de l'action - direction de regards - entrée et sortie de champ.

En bas de la page, je fais un croquis stylisé indiquant la place de la caméra par rapport aux acteurs et sur quel fond... Ainsi, s'il faut recommencer le plan 51, on cherche à la page 51 et on y trouve tous les détails se rapportant à ce plan. J'ajoute une case R51 avec les nouvelles coordonnées et la nouvelle date. Pour le montage, je recopie — certaines scriptes arrivent à le faire directement au propre — tous ces renseignements sur un rapport polycopié différent pour chaque plan.

— Dans le *petit cahier broché de brouillon tirage* rempli dans l'ordre du tournage :

• Je note le numéro de la bobine, le métrage chargé, le numéro du magasin à l'intérieur de la marge rouge, et, en dessous, le numéro du clap et l'heure à laquelle on le tourne.

• Dans la première colonne, je marque les prises et j'entoure les bonnes.

• Dans la deuxième colonne, je note le métrage début de chaque prise.

• Dans la troisième colonne, je note le métrage fin de chaque prise.

• Dans la quatrième colonne, j'inscris toutes les observations correspondant à chacune des prises avec leur minutage respectif.

• A la fin de chaque bobine, je tire un trait horizontal, en notant la chute qui reste. Je reporte le métrage de la chute sur la dernière page cartonnée de mon petit cahier, avec le numéro de la bobine correspondante. Ensuite, je recopie au propre, sur les rapports laboratoire polycopiés, les métrages et les prises à tirer.

Enfin je prends une *photo Polaroïd* des acteurs chaque fois qu'ils ont un nouveau costume ou une nouvelle coiffure, et de la table quand il y a beaucoup d'accessoires dessus. On peut utiliser les boîtes en carton ayant contenu le chargeur avec les dix poses Polaroïd comme classeur photos, numéroté par séquence avec le titre du décor, que l'on inscrit au crayon.

Sur un *manifold* (ou à *l'arrière du rapport production*) je fais le *rapport horaire* avec l'heure de tournage de chaque plan et surtout indication des incidents, pannes et avaries pour les assurances. Le *rapport production*, avec les totaux pellicule, les plans tournés, le minutage utile, la liste des acteurs ayant travaillé, etc. se fait en fin de journée en fonction de la feuille de service distribuée la veille. Sur la dernière page cartonnée, on reporte les heures supplémentaires quotidiennes de tournage.

EN FONCTION DES QUESTIONS, QUEL CAHIER CONSULTER ?

ACCESSOIRES : croquis dans script en face séquence concernée et Polaroïd, classés par séquence dans leur boîte d'origine.

ACCIDENT : heure et date dans rapport horaire journalier.

ACTEUR (a-t-il terminé ?) : vérifier avec premier assistant dépouillement décor et acteurs, plus liste des séquences incomplètes et des plans manquants en fin de découpage.

ACTION : brouillon continuité et tronçon couvert par flèche dans découpage.

ADRESSES (lieux tournage) : rapport production ; (techniciens) : sur liste distribuée par secrétaire de production ; (acteurs) : demander à la production ou à l'assistant ; (labo, montage, divers) : sur page de garde du script.

ANIMAUX : sur rapport production.

ARRÊT DÉJEUNER : sur rapport production et rapport horaire.

ARRÊT TOURNAGE : *idem*.

BIJOU : sur dépouillement acteur et description costume en face séquence correspondante sur script.

BOBINE ou BOÎTE PELLICULE (à laquelle on est arrivé) : dernière page petit cahier brouillon tirage.

BOURRAGE : au lieu de les cercler O, les encadrer ☐ sur brouillon tirage (toutes les prises avec problèmes caméra) pour les retrouver d'un simple coup d'œil.

CACHETS (acteurs) : sur rapport production journalier et globalement sur plan de travail.

CAMÉRA (utilisée pour le plan panné) : chercher à la page correspondant au numéro accidenté (dans gros cahier brouillon) la date à laquelle il a été tourné et ensuite sur le petit cahier brouillon tirage où on le retrouve facilement en fonction de la date.

CHANGEMENT DÉCOR : sur rapport horaire.

CHANGEMENT TEXTE : sur script et recopié au propre sur rapport montage.

CHUTES PELLICULE : en fin du petit cahier brouillon tirage.

CLAP DE FIN : sur brouillon rapport tirage, sur double rapport laboratoire et sur double rapport montage.

COIFFURES : sur Polaroïd classés par séquence et description sur page blanche en face séquence dans script.

CONSOMMATION PELLICULE : sur rapport production.

CONVERSION (table de) : dans pochette plastique transparente.

COSTUME : sur dépouillement par acteur et description définitive sur page blanche du script en face nouvelle séquence.

COUPÉS (plans) : sur script et sur gros cahier brouillon continuité ; (prises) : sur petit cahier tirage et au propre sur rapport montage.

CROQUIS (mouvements caméra et acteurs) : sur gros cahier continuité (plan décor) : sur page de gauche du script en face de chaque nouveau changement de décor.

DATE (du plan sinistré) : chercher dans le gros cahier brouillon continuité au numéro du plan en question.

DÉCOR (a-t-on fait tous les plans prévus dans ce décor ?) : vérifier dans le dépouillement par décor, qu'il faut absolument tenir à jour en barrant au fur et à mesure les séquences terminées (*idem* avec la continuité chronologique collée au début du script et la grille collée en fin de script), plus vérification avec l'assistant ; (où étions-nous quand le machiniste s'est blessé ?) : regarder notes dans rapport horaire ;

(quelle partie du décor faut-il remettre en état s'il faut refaire tel numéro ?) : chercher dans le gros cahier de brouillon numéroté dans l'ordre de la continuité au numéro en question et vérifier sur le croquis l'angle approximatif couvert par la caméra. Trouver le Polaroïd correspondant et faire téléphoner au montage ou au laboratoire (si l'on n'est pas dans un bled perdu) pour qu'on apporte ou qu'on fasse tirer les autres prises valables en fonction des observations notées sur le petit cahier tirage, afin que toute l'équipe les voie aux rushes du soir (voir aussi : plan).

DESCRIPTION (plan) : sur gros cahier continuité et script.

DÉVELOPPER (total à) : sur rapport production recopié du rapport laboratoire.

DIALOGUE (couvert combien de fois ?) : voir sur script combien de flèches ont été tracées sur le même texte.

DIAPHRAGME (pour tel plan) : dans la case supérieure gauche du gros cahier brouillon continuité.

DIFFUSEUR : *idem.*

DISTANCE (ou point) : *idem.*

DIRECTION (ombres au sol) : en fonction de l'heure et du jour notés sur gros cahier continuité ; (poursuite) : en fin et début de chaque plan dans le script et sur gros cahier continuité.

DOUBLURES (cachets) : sur rapport production.

EFFET LUMIÈRE : sur rapport laboratoire.

ENTRÉE DE CHAMP : sur gros cahier brouillon continuité (voir sortie).

FAUX DÉPART (avec et sans changement de clap) : sur petit cahier brouillon tirage et recopié sur rapport montage.

FICHE TECHNICIEN : dans chemise de couleur dans sacoche.

FIGURATION (les jours où joue la) : sur plan de travail ; (la quantité utilisée de) : sur rapport production.

FILTRE (utilisé) : dans case supérieure gauche du gros cahier continuité avec l'objectif, la distance, la hauteur, le diaphragme.

FLÈCHES : sur scénario.

FOCALE (ou objectif) : dans case supérieure gauche du gros cahier continuité.

GROSSEUR PLAN : dans colonne de gauche du gros cahier continuité et en tête de chaque flèche sur script.

GROUPE ÉLECTROGÈNE : sur rapport production journalier.

HAUTEUR (caméra) : dans case supérieure gauche du gros cahier continuité.

HEURE (tournage du plan) : sur gros cahier continuité ; (tournage du premier plan) : sur rapport horaire ; (de la journée ou de la séquence, s'il y a une montre dans le décor) : sur continuité chronologique ; (du déjeuner) : sur rapport horaire ; (supplémentaire) : sur rapport production journalier, et récapitulatif sur dernière page cartonnée dudit rapport.

IMMATRICULATION VOITURE : sur récapitulatif de tous les véhicules jouant dans le film, sur page blanche début script et sur page de gauche du script en face de la séquence où elle apparaît pour la première fois.

IN (en opposition à OFF) : les acteurs parlent dans le champ ; voir flèches tracées en continu sur dialogue dans scénario.

INCOMPLÈTE (prise) : sur petit cahier brouillon tirage, recopié sur rapport montage en indiquant jusqu'où la prise est valable.

JOUR (de tournage auquel on est arrivé) : sur rapport production ; (où l'on a tourné tel plan) : sur gros cahier continuité.

KILOWATTS (consommation en) : sur rapport production.

LABORATOIRE (téléphone et adresse) : les recopier dès le premier jour de tournage sur la page de garde du script.

LIEU (où l'on a tourné tel jour ou tel plan) : sur rapport production après vérification avec les feuilles de service que l'on garde et classe jusqu'à la fin du tournage.

LISTE (acteurs, hôtels, techniciens, etc.) : dans la sacoche, dans une chemise de couleur différente ; (plans à faire dans la journée) : sur feuille de service remise à l'ordre du jour.

LONGUEUR (plan) : minutage transcrit sur gros cahier continuité et que l'on a transformé en mètres ; ou bien sur petit cahier tirage, on a la longueur de la prise en soustrayant le métrage fin du métrage début, auquel on doit soustraire encore quelques mètres pour le clap, et l'on transforme les mètres en secondes ; (séquence) : on totalise le minutage utile des différents plans qui la composent et on compare avec le préminutage sur la continuité chronologique.

LUMIÈRE (vérifier toujours avec le chef opérateur l'effet qu'il désire avant de le faire noter sur clap) : à reporter ensuite sur le cahier continuité tirage et recopier sur rapport laboratoire, dont on garde le quatrième exemplaire.

MAGASIN (chargé) : on trouve son numéro ou sa lettre à côté du numéro de bobine sur petit cahier tirage, dans marge à gauche.

MAQUILLAGE : bien se mettre d'accord avec le maquilleur pour qu'il note les numéros des produits employés sur son découpage, et noter à quel moment on voit les larmes, la transpiration ou la cicatrice sur le découpage en face de la séquence concernée. (Les gros plans avec le Polaroïd ne rendent bien qu'avec la lumière du jour ; en lumière artificielle, il vaut mieux que ce soit le photographe de plateau qui les prenne et les fasse tirer rapidement.)

MÉTRAGE (prévu) : sur 1re colonne continuité chronologique ; (utile) : sur 2e colonne continuité chronologique et sur rapport production.

MINUTAGE (prise) : sur rapport montage pour celles qui ne tiennent pas de petit cahier de brouillon ; (total de la veille) : sur rapport production.

MONTAGE (adresse et téléphone) : sur la page de garde de votre script avec coordonnées du labo ; (rapports) : appelés aussi rapports continuité ou rapports scripte.

MOUVEMENT (caméra) : sur cahier continuité et sur script dans marge au niveau du texte.

MUET (plan) : sur cahier continuité que l'on recopie sur rapport montage en deux exemplaires ; (prise) : sur cahier brouillon tirage que l'on recopie sur rapport laboratoire en quatre exemplaires.

NOMBRE (de bobines) : sur dernière page cartonnée du petit cahier brouillon tirage, qui doit correspondre aux totaux reportés sur rapport production de la journée ; (de plans à faire) : sur feuille de service de la journée ; (de plans tournés) : sur rapport production de la journée.

NOM RÉEL (du petit rôle) : sur feuille de service de la journée à garder toujours à la fin du découpage et sur plan de travail.

NUMÉRO (bobine et magasin) : à gauche de la marge sur petit cahier tirage ; (clap) : en fonction de la liste des plans à tourner chaque jour dans chaque séquence, que l'on inscrit dans la marge du script et que l'on barre au fur et à mesure qu'ils sont tournés. Vérifier aussi sur cahier de continuité à la page correspondante du numéro de plan si elle est remplie ou non.

OBJECTIF (utilisé) : dans case supérieure gauche du cahier continuité.

OFF (en opposition à IN) : les acteurs parlent hors champ : voir dans script les tronçons de flèches tracées en zigzag.

ORIENTATION SOLEIL (quand on a tourné tel plan) : voir heure correspondante à la page du plan dans cahier continuité.

OUVERTURE PORTE OU FENÊTRE (sens) : sur croquis plan en bas de la page correspondante dans cahier continuité ; (bruit) : dans colonne son.

PAGINATION : sur les rapports de production américains, il y a une colonne supplémentaire pour les pages tournées chaque jour, chaque séquence correspondant à 1/8 ou 1/4 de page ou 1/2 page, etc.

PICK-UP SHOT (plan repris à un moment différent du plan initial et plus court) : noté en évidence sur cahier tirage et montage.

PIEDS (transformation en mètres) : voir Annexe.

PLAN DU DÉCOR : sur page de gauche du script en face du plan correspondant — on peut toujours demander au décorateur en studio d'en donner un double sur grande échelle qui se plie.

PLATEAU (sur lequel on tourne) : voir feuille de service que l'on reporte sur rapport production dans case spéciale.

PLAY-BACK (liste, minutage, plans correspondants, etc.) : sur feuille blanche à part à la fin du scénario et en tête de chaque séquence correspondante sur le script.

POIL (quelle prise avec) : entourer d'un carré au lieu d'un cercle toutes les prises avec défauts mécaniques signalées par l'assistant opérateur.

POLAROÏD : on les numérote au crayon en bas ou derrière, et on les classe dans leur boîte correspondant à chaque séquence. On colle les noir et blanc sur découpage.

RACCORD (costume, maquillage, coiffure, véhicules) : sur page de gauche du script ; (mouvements, regards, sortie de champ, accessoires jouant) : sur page de droite script, tout près du texte, et dans cahier continuité surtout pour le début et la fin de chaque plan.

REFAIT (plan) : noté chaque jour sur rapport production. A la fin du film, on sait exactement combien on en a refait. Si on a refait le plan 12, on n'a qu'à chercher à la page 12 du cahier de continuité et on trouve tout ce qui a été tourné de ce plan, précédé de la lettre R.

RÉSERVE (ou prise secours) : sur petit cahier tirage dans colonne "Observations" que l'on recopie sur rapport montage. En anglais : *hold*.

RESTE A TOURNER (chiffre global) : sur rapport production journalier ; (numéros exacts des plans) : sur grille à la fin du script, qu'il faut tenir à jour en les barrant au fur et à mesure.

RÔLE (nom du) : voir sur plan de travail dont la scripte a toujours une photocopie en réduction dans son script et sur feuille de service de la journée.

RYTHME (entrée ou sortie de champ) : sur script et sur gros cahier continuité.

SECOURS (prise) : voir réserve.

SENSIBILITÉ PELLICULE : au début du tournage, se mettre d'accord avec l'assistant opérateur sur la numérotation des bobines pellicule avec des lettres différentes en fonction de leur sensibilité (que l'on reporte au début du cahier tirage).

SILHOUETTE : notée tous les jours sur rapport production dans une case rajoutée sous les petits rôles.

SON SEUL : il se distingue par un *0* devant le numéro du plan et on le signale sur le cahier continuité et sur le rapport montage en plus du numéro du plan.

SON TÉMOIN : sur rapport tirage que l'on recopie sur observations labo et en tête colonne dialogue sur rapport montage.

SORTIE OU ENTRÉE DE CHAMP : dans cahier continuité et dans script avec la direction à gauche ou à droite.

SUPPLÉMENTAIRE (heure) : sur rapport production ; (séquence) : on lui rajoute la lettre A sur le cahier de continuité et sur le script à la place où il doit s'intercaler (et aussi dans une colonne à part dans rapport production ; personnellement, j'en fais une liste complète sur la même page que les plans supprimés à la fin de mon script).

SUPPRIMÉ (séquence ou plan) : laisser une case blanche correspondant au numéro en question sur cahier continuité avec la date à laquelle il a été supprimé, le signaler sur rapport montage, rapport production, et le rajouter à la liste sur page blanche à la fin du script.

TÉLÉPHONE (labo, montage, production, etc.) : sur page de garde du scénario.

Texte (changement) : toujours vérifier avec les acteurs s'ils connaissent leur dialogue, s'ils n'ont pas fait des changements quand parfois ils ont de la difficulté à dire telle réplique, le signaler au réalisateur avant le tournage pour voir s'il est d'accord (quand ce n'est pas lui qui est à l'origine des modifications ou des suppressions dans le texte). Vérifier pendant la répétition et avec la répétitrice (*coach*) quand il y en a une.

Tirage (total) : sur rapport production journalier ; (certaines prises) : sur rapport tirage, elles sont encerclées.

Totaux (pellicule, plan, minutage, etc.) : sur rapport production.

Tournage (début, fin) : sur rapport horaire indiqué pour chaque plan.

Utile (métrage, minutage) : sur rapport production et sur 2e colonne continuité chronologique collée au début du script.

Variante (texte, action, lumière) : sur petit cahier tirage, on trouve les numéros des prises modifiées, que l'on a reportés avec plus de détails sur cahier rapport montage et sur scénario.

Véhicule (description) : sur page de gauche devant la séquence où on le voit pour la première fois ; (nombre de jours où il a tourné) : sur rapport production.

Vitesse (caméra) : sur rapport laboratoire recopié du cahier brouillon tirage si vous en tenez un ; (action) : voir rythme.

LES INTERDITS

Il y a des questions auxquelles *vous ne devez absolument pas répondre* sans l'avis préalable du premier assistant metteur en scène :

● Qu'est-ce qu'on tourne demain ?

● Peut-on rendre la voiture qui a joué dans le premier plan ce matin ?

● Le collier de perles dont l'assurance est si élevée a-t-il "terminé" ?

● Pour ne pas payer d'heures supplémentaires à la figuration, peut-on ne garder que le couple derrière l'acteur principal et renvoyer les autres ?

● Avez-vous encore besoin du serveur, car son patron a besoin de lui pour préparer les tables dans son restaurant... ?

GLOSSAIRE

AMORCE/*white tape* : Au début d'une bobine, une certaine longueur de pellicule qui doit précéder les premières images pour permettre le chargement convenable des appareils de prise de vues ou de projection (pour le son, c'est un morceau de bande magnétique) ; /*overshoulder* ("avec amorce" ou "en amorce") : Personne ou objet au tout premier plan dont on ne voit qu'une partie.

ANGLE/*angle* : Point de vue ou orientation de la caméra englobant un certain espace qui varie suivant l'objectif choisi. On dit que l'objectif 18 mm est un grand-angle.

AUTO-TRAVELLING/*camera-car* : Véhicule où l'on installe la caméra, permettant de filmer les acteurs se trouvant dans une autre voiture, que l'on suit ou précède.

AXE/*direction* : "On reste dans le même axe", c'est-à-dire sur le même fond de décor déjà éclairé, dans lequel on peut faire plusieurs plans. "On change d'axe" : on se retourne complètement pour montrer le côté opposé du décor (par exemple, lorsqu'on fait un 180° *direct reverse*).

BOBINE/*reel*/*roll*/*spool* : Boîte de pellicule image ou son, de format variable, que l'on "charge" dans un magasin (opération à faire en chambre noire dans un *charging bag*) avant de l'adapter sur la caméra ou dans un magnétophone (*magnetic tape*).

BONNETTE/*supplementary lens* : Lentille coupée, spéciale ou non, qui permet d'avoir à la prise de vues un visage net au premier plan et des personnages aussi nets à l'arrière-plan ;
/*hood* : Capuchon antivent que l'on adapte sur le micro à la prise de son.

BOUCLE/*loop* : Bande de pellicule (image ou son) dont les deux extrémités sont collées l'une sur l'autre, permettant ainsi le défilement ininterrompu du même fragment de film (utilisée souvent au mixage).

BOUT-A-BOUT/*rough cut* : Deuxième étape du montage (après le premier choix des prises) où les plans sont collés provisoirement, dans l'ordre de succession des numéros, une fois les claps ôtés.

CADRAGE/*frame* : Terme employé pour délimiter une surface, ou cadre, vue à travers le viseur de la caméra (en tombant, l'acteur sort par le "bas du cadre").

CHAMP/*field* : Espace compris dans le cadre incluant une notion de profondeur, dans lequel se passe l'action ("Il est sorti du champ à droite cadre en courant"). On dit "avoir la profondeur de champ" quand le premier plan et les fonds sont nets.

CHAMP et CONTRE-CHAMP/*reverse* : Portion d'espace cadrée avec deux personnages et favorisant à tour de rôle tantôt l'un, tantôt l'autre.

CHARGER, DÉCHARGER et RECHARGER/*to load*/*to unload*/*to reload* : Fonction des assistants à la caméra qui consiste à remplir le magasin de la caméra avec une bobine de pellicule vierge. Une fois le rouleau terminé, on retire la pellicule impressionnée (en chambre noire, dans un *charging bag*) pour remettre une nouvelle bobine dans le magasin ou chargeur.

CHEVAUCHEMENT/*overlapping* : Ce qui se produit quand un acteur envoie sa réplique trop tôt sur le dernier mot de son partenaire, ou bien quand on reprend la fin du texte ou de l'action du plan précédent au début du plan suivant.

CLAP ou CLAQUETTE/*slate* : Planchette sur laquelle on inscrit le titre du film, les noms de l'opérateur et du réalisateur, les numéros de la séquence, du plan et de la prise, servant à identifier chaque prise de vues. Quand on désire que le son enregistré soit synchrone avec l'image, on écarte la lame articulée inférieure que l'on *claque* sur le bas du panneau supérieur.

CONTINUITÉ/*continuity* : C'est l'ensemble dramatique du film, divisé en séquences qui se déroulent dans le même laps de temps avec les mêmes personnages (85 à 130 environ par film). Lorsque les répliques y sont intégrées, on l'appelle *continuité dialoguée* ;
/*scenes breakdown* : La scripte fait sa propre *continuité chronologique*, qui est une espèce de table des matières où elle relève tous les numéros dans l'ordre de déroulement des décors (voir "Pratique") ;
/*continuity notes* : Les *cahiers de continuité* ou brouillons ; on prend des cahiers à spirale dont on marque chaque page d'un numéro correspondant aux différents plans, dans l'ordre du scénario.

COUVRIR/*to be covered* : Un acteur est *couvert* ou non par l'assurance, en cas d'accident.
On *couvre* une scène en tournant plusieurs fois la même action sous des angles différents et en faisant varier la grosseur des plans pour permettre au montage des combinaisons diverses : *coverage of a scene*.
/*cover-set* : En cas de mauvais temps, on a une *couverture*, c'est-à-dire un autre décor dans lequel on peut tourner en attendant que la pluie cesse ;
/*alternate* : On *couvre* une scène difficile ou osée en la faisant jouer différemment pour être à l'abri de toute censure.

DÉCOUPAGE/*script* : "Division d'un scénario en un nombre de plans déterminés, avec les indications techniques. - Le texte ainsi établi." (Larousse.)

Le *découpage à l'américaine*, ou continuité dialoguée, n'est pas réparti en deux colonnes ni subdivisé en plans ; sont uniquement indiqués les changements de lieu ou séquences avec un numéro différent, plus l'action et le texte correspondants. La lecture en est plus aisée, mais le travail de la scripte est plus délicat dans la mesure où il n'y a aucune place pour noter les changements de texte, les imprévus et variations de jeu.

Le *découpage à. la française*, plus technique, est présenté sur deux colonnes ; il se répartit en plusieurs petits morceaux ou plans numérotés. Pour chaque numéro se trouve indiqué dans la colonne de gauche : intérieur ou extérieur ; le décor ; la lumière ; la grosseur du plan ; l'angle prévu ; les mouvements d'appareil ; les acteurs et leur action conjuguée avec le texte. Et dans la colonne de droite : le texte du dialogue pour chaque rôle (ou le commentaire), les bruits ou airs joués.

DÉPOUILLEMENT/*breakdown* : L'assistant metteur en scène en fait un très minutieux en relevant séquence par séquence tout ce qui est nécessaire pour tourner chaque scène, en commençant par établir la liste des décors intérieurs et extérieurs, des lieux où ils se tourneront, des acteurs, des petits rôles, des figurants, des costumes, des accessoires et des meubles (du piano à la boîte d'épingles), des véhicules, de la lumière, du matériel nécessaire, etc. La scripte, si elle est engagée quinze jours avant le tournage, a le temps d'effectuer ses :

/*sets breakdown (dépouillement par décor)* : On prend le scénario définitif, on sort décor par décor (sur une feuille différente chaque fois) et on y relève tous les numéros s'y tournant, avec les acteurs correspondants et leur numéro de costume, plus les accessoires indispensables pour le jeu qui risquent de raccorder d'une séquence à l'autre, tandis que les différences de maquillage ou de coiffure prévisibles sont reportées à l'étape suivante :

/*actors breakdown (dépouillement par acteur)* : On fait une fiche par acteur avec le numéro de chaque costume dans l'ordre d'apparition des décors et des numéros des plans correspondants. En accord avec la costumière, on note les changements et la description générale de chaque costume. Pour une description minutieuse et définitive, il faut attendre d'avoir vu l'acteur le porter pendant le tournage. On le reporte alors uniquement sur le script en face du plan correspondant qu'on vient de tourner.

DOUBLAGE/*dubbing* : "Enregistrement de paroles traduisant celles d'un film étranger". Quand le son original n'est pas bon, on le refait en postsynchronisation.

DOUBLE : 1) Prise techniquement bonne, non retenue au premier choix, mais que le monteur garde pour une substitution éventuelle au plan choisi ou pour la bande-annonce du film. 2) Voir Doublure.

DOUBLURE/*double* (image) : Acteur qui en remplace un autre (dans les scènes de cascade, par exemple) avec le même aspect physique (costume, couleur de cheveux, stature, etc.) ;

/*stand in* (lumière) : Personne ayant plus ou moins l'allure de l'acteur et le remplaçant au cours des répétitions afin que le chef opérateur puisse régler ses lumières sans fatiguer l'acteur.

ENCHAÎNEMENT/*connection/link/tie* : Passage d'un plan à un autre.

FAUX DÉPART/*false start* : 1) Prise coupée tout de suite après le "Partez" du metteur en scène (si le bruit extérieur à la scène est trop gênant) ; 2) Pour l'acteur qui hésite sur un mot, le fait de lui faire reprendre son texte depuis le début sans qu'il y ait changement de prise ni coupure (à signaler sur le rapport laboratoire).

FONDU ENCHAÎNE/*fade in, fade out* : Procédé technique utilisé pour relier deux plans entre eux. A la projection, la fin d'un plan disparaît et semble se fondre tandis que le plan suivant apparaît en surimpression et se précise progressivement.

GRENOUILLE/*ahead schedule/behind schedule* : Courbe réalisée par le directeur de production à partir des éléments fournis par la scripte sur le rapport production, qui lui permet, au jour le jour, en fonction du métrage utilisé, du minutage tourné et des plans effectués, de voir si l'on est en avance ou en retard par rapport au plan de travail et si l'on ne dépasse pas trop le budget initial du film.

JOUER : Pour un meuble, un véhicule ou un accessoire, c'est être utilisé dans un plan. "Le bureau a fini de *jouer*, on peut l'ôter et même le rendre."

MAGASIN/*magazine* : Récipient hermétique, appelé aussi *chargeur* en photo, dans lequel on charge les bobines de pellicule une fois sorties de leur boîte *(can)* d'origine (en chambre noire). Les *magasins* ont des formes différentes suivant les caméras sur lesquelles ils s'adaptent et le format de la pellicule employée.

MONTAGE/*cutting, editing* : Selon S. M. Eisenstein : "Art d'assembler les différents plans d'un film créant un nouvel espace, un sentiment, une idée ne figurant pas dans les plans isolés."

OFF/*out of shot*/*O.S.* : Signifie hors champ, non cadré (par rapport à l'image). Mais on dit souvent : "Le texte *off* est utilisable", c'est-à-dire qu'un acteur hors champ donne quand même sa réplique pour aider son partenaire qui, lui, est filmé, et parfois ce texte est bon pour le son.

OUBLIER/*skip it* : Jargon de cinéma. "On l'oublie" veut dire "on ne l'utilise pas" dans ce plan, car il est gênant ; par exemple : le tapis qui empêche la Dolly de rouler, ou le lustre qui fait des ombres supplémentaires sur le mur.

PLAN/*draft* : Représentation graphique en projection horizontale des différentes parties d'un décor ;
/*shot*/*scene number* : Unité cinématographique fondamentale, appelée aussi *numéro* ou *scène* : c'est la suite d'images tournées sans interruption avec un objectif déterminé entre le déclenchement et l'arrêt caméra (*Mélo* : 107 plans, *Conseil de famille* : 936 plans, *Pirates* : 847 plans, plus ceux de la seconde équipe). On fait souvent plusieurs prises d'un même plan ;

/*cut* : Au montage, c'est la portion de film qui se déroule entre deux collures ;

/*foreground*/*background* : Éloignement relatif des objets dans un cadre : avant-plan, arrière-plan ;

/*wide angle*/*tight angle* : Échelle relative du cadre (plan large, plan serré) par rapport au décor et aux personnages (voir grosseurs diverses dans la gamme des plans) ;

/*high angle*/*low angle* : Position de l'appareil par rapport au sujet filmé suivant un certain angle (plan incliné, contre-plongée, etc.) ;

/*static shot* : Fixité ou mouvement d'appareil, plan fixe ou plan en mouvement.

PLAN DE TRAVAIL/*schedule* : Grand tableau fait par l'assistant réalisateur, le régisseur et le directeur de production, déterminant pour chaque journée de tournage l'ordre d'exécution des plans en fonction de la disponibilité des décors et des acteurs.

PLAY-BACK : Enregistrement préalable du son rediffusé au moment du tournage pour accompagner l'interprétation mimée.

P.O.V./*point of view* : Point de vue de la caméra placée tout contre la joue de l'acteur hors champ.

PRATICABLE/*rostrum*/*parallel* : Échafaudage pour surélever la caméra ou les projecteurs ;

/*movable stage prop* : Décor ou accessoires que l'on peut réellement déplacer, manier, boire ou manger (robinet qui débite vraiment de l'eau, etc.).

PRISE/*take* : Chacune des prises de vues que l'on effectue d'un même plan. Si une prise est bonne, on la double. (Le numérotage des prises ne doit pas être confondu avec celui des plans. Voir "Pratique".)

RACCORD/*cut*/*matching* : Enchaînement d'un plan avec le plan suivant (voir "Connaissances").

RETAKE : Plan refait (prononcez *ritek*).

RUSHES/*dailies* : Prises de vues de la veille, développées et tirées par le laboratoire, qu'on visionne tous les soirs (uniquement les prises cerclées par la scripte).

SCÉNARIO/*screenplay* : Continuité dialoguée avec la description détaillée des événements et de l'action du film (une centaine de pages environ) ;

/*final draft* : Version définitive du scénario.

SCÈNE/*scene* : Ensemble de plans groupant faits et gestes dans un même lieu, avec les mêmes acteurs et dans un même laps de temps. A chaque nouvelle scène correspond un nouveau décor. (Quand il n'y a qu'un seul plan par décor, scène et plan se confondent.)

SCRIPT : Scénario définitif divisé, suivant les réalisateurs, en séquences, en scènes ou en plans.

SEQUENCE/*sequence* : Le plus souvent, ensemble de plusieurs scènes se déroulant dans la même unité de temps, avec les mêmes personnages, mais à travers des lieux et des décors variés, tout en constituant un tout sous le rapport d'une action dramatique déterminée. Ainsi la séquence finale se déroulant dans un appartement comprendra une scène dans le couloir, une dans la cuisine, une dans la salle de bains et une dans la chambre à coucher, qui seront découpées en plusieurs plans. (*Mélo* : 11 séquences ; *Conseil de famille* : 138 séquences ; *Pirates* : 152 séquences.) Une *scène* est souvent appelée *séquence*, mais, pour être précis, une *séquence* est la version montée de tous les plans d'une ou de plusieurs scènes.

SON SEUL/*wild track* : Mot ou phrase non synchrone que l'on fait redire à l'acteur et que l'on enregistre tout de suite après le tournage quand il n'a pas été audible.

SON TÉMOIN/*guide track* : Son synchrone avec l'image qui servira de guide au premier montage, mais dont la qualité n'est pas assez bonne pour être utilisée dans le montage définitif ;

/*out of synch.* : Non synchrone, mais tourné en même temps que l'image (surtout lorsque l'on tourne au ralenti ou à l'accéléré) ou bien à la sauvette, sans donner de clap pour ne pas attirer l'attention des passants (la caméra est dirigée d'un côté et le son de l'autre).

STOCK SHOT : Plan sorti de films d'archives ou d'actualités et réutilisé.

STORY BOARD : Suite de croquis réalisés par le metteur en scène donnant la taille exacte et la position des acteurs dans la succession des cadrages qu'il envisage.

SUBJECTIVE (caméra) : Comme à la télévision, le fait, pour celui qui parle, de regarder dans l'objectif pour prendre directement à partie son auditoire.

SUCRER (argot cinématographique)/*to take away* : Oter ou supprimer du plan que l'on prépare.

SYNCHRONE/*synch.* : Se dit des lèvres d'un acteur quand elles correspondent aux sons qui en sortent.

SYNOPSIS : Présentation du sujet du film en une dizaine de pages exposant clairement la ligne générale du déroulement de l'action.

TOMBER/*to credit* : Faire *tomber* une séquence, c'est dire que l'on a tourné tous les plans s'y rapportant, qu'elle est terminée, et que la scripte peut la déduire du total des séquences prévues dans le rapport production ;
/*to let alone* : Laisser *tomber*, oublier.

TRANSPARENCE/*back projection* : Les opérateurs filment le paysage mouvant que l'on projette ensuite derrière l'écran où est censé se mouvoir un train, une auto, un bateau (voir "Connaissances").

VARIANTE/*alternate* : Prise supplémentaire demandée par le réalisateur, l'acteur ou le chef opérateur, pour essayer un jeu ou une lumière différents.

ZOOM : Objectif à foyer variable. Bien que l'image semble varier comme dans le travelling, il y a une absence de déplacement du point de perspective, car la distance reste constante. On l'utilise davantage en tant qu'objectif fixe pour exploiter sa gamme de focales sans être obligé de changer chaque fois de monture.

LEXIQUE ANGLAIS-FRANÇAIS
(à l'usage de la scripte)

Accomodation : hébergement

Action : "Partez !"

Added scene : scène rajoutée

Advertising film : film publicitaire

Ahead (days) : en avance

Allowance ou *Per diem* : défraiement

Alternate : variante

Anti-clockwise : sens inverse des aiguilles d'une montre

Apple box : cube

Apprentice : stagiaire

Art director : chef décorateur

Art designer : décorateur (TV)

Atmosphere : ambiance

Audience : spectateurs

Auditor : chef comptable

Average : moyenne (prise possible)

(to) Back out : sortir à reculons

Back projection : transparence

Back to : retour à...

Background : arrière-plan

Backing : découverte, fond

Beat : battement

Bee smoker : petit appareil à faire de la fumée

(days) Behind : en retard

Bench : banc à titre

Best boy : électricien

Big close up : très gros plan

Black drapes : tentures noires (borniols)

Blimp : caisson pour insonoriser la caméra

Blow up : agrandissement

Blurred : flou

Boom : perche

Boom operator : perchman

(to) Boost : survolter

Booster light : lumière d'appoint

Bottom of frame : le bas de l'image

Box lunch : panier repas

Boxes : cubes

Breakdown : dépouillement

(scenes) Breakdown : continuité chronologique

(to) Bridge : relier (deux scènes)

Broadcasting : diffusion (radio, TV)

Buckling : bourrage

Bump : secousse

Call : convocation

Call sheet : feuille de service

Camera car : auto-travelling

Camera operator : cadreur

Camera report : rapport caméra pour le laboratoire

Cameraman : chef opérateur

Can : boîte contenant la pellicule

Carpenter : menuisier

Cartoon : dessin animé

Cast : distribution (acteurs)

Casting director : responsable qui cherche les interprètes correspondant aux rôles

Cat-pole : tubulure fixée entre deux murs qui reçoit des lampes

Cat-walk : passerelle (projecteurs)

Catering : cantine

Charging bag : sac noir dans lequel l'assistant caméra charge ou décharge les magasins

(to) Check : vérifier

Check the gate : vérifier (qu'il n'y a pas de poil dans) la fenêtre de la caméra

Clapped board (ou *Slate*) : claquette ou clap

Clean entrance : entrée dans le champ (bien nette)

Clean exit : sortir complètement du champ

Clockwise : dans le sens des aiguilles d'une montre

Close shot : plan rapproché (poitrine)

Close up : gros plan (cou, épaules)

Coach : répétiteur

Colour bars : mire de couleur

Colour grading : étalonnage

(direct) Continuity : raccord direct

Continuity boy : script-boy (en Grande-Bretagne)

Continuity girl : script-girl (en Grande-Bretagne)

Continuity notes : rapport montage

Costume designer : créateur de costumes

Coverage of a scene : découpage d'une scène

Cover set : plan de couverture (en cas de mauvais temps)

Crane : grue

(to) Credit : faire tomber (un numéro tourné)

Credit Titles : générique

Crew : équipe tournage (ouvriers et techniciens)

Cross reference : renvoi

Cue : réplique

Cue light : signal lumineux

Cut : 1) coupe, collure ou raccord
2) "Coupez !"

Cut again on : "On repart sur…"

Cutaways ou *Cut in scene* : plan de coupe

Cut to : On passe sur…

Cutter : monteur

Dailies : rushes

Daily log : rapport horaire ("mouchard")

(script) Daily log : liste des plans dans l'ordre du tournage

Dawn : aube

Day for night : nuit américaine (jour pour nuit)

Days ahead : nombre de jours d'avance (par rapport au plan de tournage)

Days behind : nombre de jours de retard

Deleted : supprimé (plan)

Depth : profondeur

Detail : insert

Development : développement

Device : dispositif

Dial : cadran

Dialogue list : texte

Dimmer : résistance variable (électricité)

Direct reverse : 180°

Director : metteur en scène

Dirt noise : bruit de fond

Dissolve : fondu

Dolly shot : plan en mouvement avec la Dolly

Double : doublure image

Dresser : habilleur

(set) Dresser : ensemblier

Dressing : matériel pour la décoration

Dubbing : doublage

Dupe : contretype

Duplicata : contretype

Earphones : casque

Edge number : numéro de bord

Editor : chef monteur

Endboard (G.-B.) : clap de fin

Endslate (U.S.) : clap de fin

(to) Enlarge : agrandir

Entertainment : spectacle

Establishing shot : plan de situation

Estimate : devis

Evening : (effet) soir

Executive producer : producteur

Exposure meter : posemètre-cellule

Extra hours : heures supplémentaires

Extra scenes : scènes supplémentaires

Extras : figuration

Eye glass : loupe de visée

Fade in : ouverture en fondu

Fade out : fermeture en fondu

Fake it : faire semblant (attention à la prononciation : "Fuck it" = "Va te faire foutre" !)

False start : faux départ

Feature film : film de long métrage

Feed : alimentation, entraînement

Field depth : profondeur de champ

Film editor : chef monteur

Film library : cinémathèque

Film tearing : cassure (film)

Film unit (ou *Crew*) : équipe tournage

Final draft : version définitive du scénario

Final print : copie montage définitif

(view) Finder : viseur

Flag : drapeau

(french) Flag : volet

Flash back : retour en arrière

Fluffing : savonnage (bafouillage)

Focus : mise au point

Focus puller : pointeur (premier assistant caméra)

Footage : métrage en pieds

Foreground : premier plan (en opposition avec l'arrière-plan : *Background)*

Forget it : "On l'oublie", "On le sucre", "On le supprime"

For instance : par exemple

Four shot : plan à quatre acteurs

Fourth shot : quatrième plan

Frame : image, cadre, champ

Free lance : indépendant, pigiste

Full figure : personnage en pied

Full frame : plein cadre

Full length picture : film de long métrage

Gaffer : chef électricien

Gap : espace

Gate : fenêtre (caméra)

Gauge : format

Generator : groupe électrogène

Gobo : panneau de bois noir, sur pieds, coupant un faisceau lumineux

(film) Grader (ou *Print grader*) : étalonneur

·*Grip* : machiniste de plateau

Guide track : son témoin

Hair dresser : coiffeur

Hand held : caméra à l'épaule

Headphones (set) : casque

High angle : plongée (plan en)

Hip figure : plan (coupé aux) hanches

Hodge-podge : pagaille

Hold take : prise de vues de réserve, secours

In focus : au point, net

Intercuts : inserts - plan de coupe

Interlocked : branché

Issue : sortie (d'un film sur les écrans), lancement

Jam : bourrage

(to) Jar : troubler, perturber

Jumpcut : blanc remplaçant un plan manquant dans un premier montage

---

Keyboard : tableau de commande

Keylight : lumière de base, éclairage principal

(to) Kill a set : démonter un décor terminé

"Kill the lights !" : "Coupez ·les projecteurs !"

Knee figure : plan (coupé aux) genoux

Lamp stand : pied de projecteur

Lap dissolve : enchaîné

(to) Lay down : enregistrer sur pellicule magnétique

(to) Lay in : intercaler

Leader : bande amorce

Leading actor : vedette

Leading characters : principaux personnages

Length : longueur (de la prise)

Lens : objectif

Lens cap : bouchon d'objectif

Lens hood (ou *Shade*) : pare-soleil

(film) Library : cinémathèque

Light change : fausse teinte

Light meter : posemètre, cellule, luxmètre, spotmètre...

Lily : charte (blanc-gris et noir) pour essai pellicule en fin de plan

(to) Line up : mettre en place (un plan) avec le viseur

Link : lien, raccord

(to) Load : charger (un magasin)

Location : extérieurs (par opposition au décor tourné en studio) *(to) Log* : classer

Loud speaker : mégaphone (porte-voix)

Low angle : contre-plongée

Magazine : chargeur, magasin de caméra

Magic hour : entre chien et loup

Magic lantern : lanterne magique

Magnetic tape : bande magnétique

Magnifying glass : loupe

Main title (Credit title) : générique

Make up : maquillage

Manager : chef (des diverses fonctions) ou directeur

"Mark it !" : *"Annonce !"* (le clap)

Mask : cache

Master shot : plan général couvrant une grande partie de la scène

Mat glass : verre dépoli

(to) Match : raccorder

Matte : cache

Matte box : porte-caches

(to) Matte out : éliminer par un cache

(by all) Means : par tous les moyens

Medium shot : plan moyen

Mike : micro

Miniature, Model, Mock up : maquette

Mismatch : mauvais raccord

Misslated : mauvais clap (numéro marqué sur le)

Monitor : écran ou haut-parleur de contrôle

MOS : prise muette

Motion pictures (Movies) : cinéma

Motor boating, Mush : ronflement

Mute print : copie muette (*Silent film* = film muet)

Narrator : narrateur, commentateur

Negative cutting : montage négatif

Net : tulle (pour atténuer la lumière d'un projecteur)

Network : réseau (radio, TV)

N.G. (take) : mauvaise prise (*N.G. : No Good*)

Night effect : effet de nuit

Noise : bruit

Notch : encoche

Off screen (O.S.) : hors de l'écran

Off stage : hors de la scène

Off the cuff : à la sauvette

O.K. for sound : bon pour le son

Omitted : supprimé ou manquant

On location : en extérieurs

Open scene number : numéro de séquence non terminée

Out of focus : flou, pas au point (plan peu net)

Out of frame : hors champ

Out of shot (O.S.) : hors champ

Out of vision : hors champ

Out of synch. : non synchrone (entre le son et l'image)

Out of work : en chômage

Outfit : équipement

Outside : dehors

Over exposed : surexposé

Overcranked : ralenti

Overlap : chevauchement (texte)

Overlay : transparence pour enregistrement électronique

Overloaded : surchargé

Overshoulder : plan avec amorce (par-dessus l'épaule)

Overtime : dépassement horaire

Painter : peintre

Pan, Panning : panoramique

Parallel (U.S.) : échafaudage, praticable

Part (acting) : rôle

Pause : arrêt

Performance : représentation

Pick up arm : bras de tourne-disques

Pick up shot : plan repris à tel mot ou sur tel geste

Picture negative : négatif, image

Player : interprète

Plot : intrigue, sujet du film

Plywood : contre-plaqué

Polaroid filter : filtre de polarisation (ne pas confondre avec l'appareil photographique à développement instantané)

P.O.V. (point of view) : plan subjectif

Print grader : étalonneur

Printing : tirage positif d'un plan

Process plate : pelure de transparence

Process shot : transparence

Processing : développement du négatif

Producer : producteur

Production manager : directeur de production

Progress report : rapport production

(back) Projection : transparence

Projection room : cabine de projection

Property man, Propman : accessoiriste

Props : accessoires

(to) Pull : tirer, tracter

Pull out : dégager

Push-pull : va-et-vient

Quick motion : mouvement accéléré

"Quiet !" : "Silence !"

Quotation : citation

Rack (for editing) : chutier (support pour film coupé dans la salle de montage)

Racking shot : plan tourné à travers des personnages en premier plan

Raw stock : réserve de pellicule vierge au début du tournage

"Ready to shoot" : "On va tourner !"

Rear projection : projection par transparence

Record : disque

(to) Record : enregistrer (du son) ou prendre en note

Recording director (ou *Sound mixer*) : ingénieur du son

Recording tape : bande magnétique

Recovery : récupération

Red light : le rouge (interdiction de pénétrer sur le plateau)

Reel : bobine, rouleau de pellicule chargé dans un magasin

(to) Reframe : recadrer

Rehearsal : répétition

Re-issue : reprise de l'exploitation d'un film

Release : distribution (d'un film)

Relight : nouvel éclairage

(to) Reload : recharger

Remake : film refait (avec d'autres acteurs)

Remarks : observations

Retake : plan refait avec les mêmes acteurs

Reverse (U.S.) : contre-champ ; *(G.-B. : Complementary-two shot) (to) Rewind* : enrouler

Rhythm : rythme

(to) Rig : monter, équiper un décor

Rigging crew : équipe de montage d'un décor

Rigging the sails : monter, gréer les voiles

Roll (of film), voir *Reel* : bobine de film

"Rolling" : "Ça tourne !"

Rostrum (G.-B.), voir *Parallel* ; *(U.S.)* : échafaudage amovible

Rough cut : bout-à-bout, premier montage

Run (of a film) : temps de projection d'un film

Run back : marche arrière

Run out of film : manquer de pellicule avant la fin de la prise

Rushes ou *Dailies* : les "roches", c'est-à-dire la vision des plans tournés la veille.

Safety film : film de sécurité (ininflammable)

Scaffolding : grand échafaudage

(to) Scan : balayer, explorer (rayon lumineux ou regard)

Schedule : plan de travail

Scratch : rayure

Screen : écran

Screen play : scénario

Screen writer : scénariste

Screening : projection

Script : scénario (*Script writer* : scénariste)

Script-supervisor : script-girl, secrétaire de plateau

Second run : deuxième vision (d'un film)

Second unit : deuxième équipe

Sequence : séquence

Set : décor ou plateau (en studio)

Set designer : décorateur

Set dresser : ensemblier

(first) Set up : première place de la caméra ; (*Second set up* : deuxième place, etc.)

(to) Set up : mettre en place, régler un plan

Shadow : ombre

Shooting : tournage

Shooting schedule : tableau de travail

Shooting script : découpage

Short film : court métrage

Short-end : chute utilisable (différent de *Waste* : chute inutilisable)

Shot : plan, prise de vues

Shot list : liste des plans dans l'ordre du tournage

Show : représentation, spectacle

Shutter : obturateur

Silent film : film muet

Single shot : plan à un seul acteur (*Two shot* : plan avec deux acteurs, etc.)

Size : format, dimension

Sky backing : fond de ciel

Slate : claquette, clap

Slow motion : ralenti

Smoke : fumée (*Bee smoker* : petit appareil à soufflet pour enfumer les abeilles dont se sert l'accessoiriste pour enfumer légèrement un décor)

"(make it) Snappy !" : "Grouillez-vous !"

Snapshot (ou *Still*) : photo

Sound director (ou *Sound engineer* ou *Sound mixer*) : ingénieur du son

Sound only : le son seulement (mais *Wild track* : un son seul après le tournage d'un plan)

Sound proof : insonore

Sound track : bande sonore, son seul d'ambiance couvrant toute une scène

Sound truck : camion son

Special effect : effet spécial (trucage)

Speed : vitesse

Spider : sabot (boîte de distribution électrique), "piano"

Spot : 1) endroit précis
2) projecteur à faisceau concentré

Spotrail : passerelle (où on installe les projecteurs)

Stage hand : machiniste de plateau

Stand : pied de projecteur

Stand by : en attente

Stand in : doublure lumière (ne pas confondre avec *Double* : doublure image)

Starring : (film) ayant pour vedette...

(to) Start : commencer, démarrer

Static shot : plan fixe

Still : photo de travail

Stock : film vierge

Stock shot : plan provenant d'une cinémathèque

Stop : diaphragme

(to) Stop : arrêter

Stop watch : chronomètre avec arrêt et redémarrage

(to) Store : mettre en mémoire

Story board : croquis illustrant chaque plan d'un film

Story writer : auteur, écrivain

Strike : 1) grève
2) démolition d'un décor (*set*)

Stroke : coup, trait

Stunt man : cascadeur

Subtitle : sous-titre

Sunlight : 1) lumière solaire
2) projecteur

Sunrise : lever du soleil

Sunset : coucher du soleil

Sunshade : pare-soleil

Swish pan : pano filé (pronociation différente du mot suivant)

Switch : interrupteur

(to) Switch in : mettre en circuit

(to) Switch off : éteindre, "couper le jus"

(to) Switch on : allumer

(to) Switch (the parts) : intervertir (les rôles)

Sync. : synchrone

Tab (ou *Label*) : étiquette

Take (one) : prise un

(first) Take : première prise

(one) Take : une seule prise

Talkie : cinéma parlant

Tape recording : enregistrement sur bande magnétique

Team : équipe (sportive ; mais *Unit*, ou *Crew* : équipe de tournage)

Test : essai (maquillage, coiffure, costume, pellicule, lumière, acteurs, caméra, objectifs, etc.) avant tournage

Test (chart) : mire d'essai (que l'on présente à la fin de chaque plan ou de chaque bobine)

Three shot : plan à trois personnages (ne pas confondre avec *Third shot* = troisième plan)

Thumb index : onglet

Tight (shot) : plan serré (coupé poitrine)

(to) Tilt down : pano haut bas

(to) Tilt up : pano bas haut

Time code : compteur - chronomètre

Timing : minutage

Top of frame : le haut de l'image

(to) Track in : travelling avant

(to) Track out : travelling arrière

Tracking shot : plan en mouvement (sur rails)

Trade union : syndicat

Trailer : 1) caravane (où les acteurs s'habillent et se maquillent en extérieurs), roulotte
2) film annonce

Trainee : stagiaire

Transfer : repiquage (son), transfert, report (pellicule film sur bande magnétique)

(to) Translate : transférer

Tripod : trépied caméra

Trouble : ennui, défaut

Truck : camion (attention à la prononciation à cause de *Track* = rail, piste)

"Turn over !" : *"Moteur !"* (faites tourner le)

Two shot : plan à deux personnages (mais *Second shot* = deuxième plan)

Under exposed : sous-exposé

Undercrancked : accéléré

Underwater shooting : prise de vues sousmarine

Unemployed : chômeur

Unexposed film : film vierge

Unit : équipe

Unit manager : régisseur général

Unloading : déchargement (pellicule ou matériel)

Unsteadiness : manque de fixité

(to) Unwind : dérouler

Upper part : partie supérieure (de l'écran ou de l'image)

Upper spool : bobine débitrice

View finder : viseur

Viewing glass : verre de vision (*neutral density*) qui sert à contrôler l'éclairage

Voucher : pièce justificative (note de frais)

Waist figure : plan taille (coupé à la)

Walk on : silhouette

Walkie-talkie : appareil émetteur et récepteur (utilisé par les assistants du metteur en scène pour communiquer entre eux)

Wardrobe-girl : habilleuse

Waste : chute (inutilisable) de pellicule

Wedge : cale-sifflet

Wide angle shot : plan large

Wide screen : écran large

Wild track : son seul (ponctuel)

(to) Wind off : débobiner

Wind machine : ventilateur

Winding machine : bobineuse

(to) Wipe off : fermer en fondu par volet

(to) Wipe on : ouvrir en fondu par volet

Work print : copie de travail

Work out : 1) usagé ; 2) fatigué

"Wrap up !" : *"On remballe !"*

"It's a Wrap !" : *"C'est terminé !"* (pour aujourd'hui)

Writer : écrivain

(to) Zeus : accélérer ou ralentir la pellicule magnétique dans la machine "Zeus" de 6 à 60 images par seconde)

Zoom in : effet de rapprochement par objectif à foyer variable

Zoom out : effet d'éloignement par objectif à foyer variable

Table de conversion 1   (16 et 35 mm)

SECONDES	IMAGES	METRAGE		SECONDES	IMAGES	METRAGE	
		35 mm	16 mm			35 mm	16 mm
1	24	0,456	0,182	31	744	14,136	5,669
2	48	0,912	0,365	32	768	14,592	5,852
3	72	1,368	0,548	33	792	15,048	6,035
4	96	1,824	0,731	34	816	15,504	6,217
5	120	2,280	0,914	35	840	15,960	6,400
6	144	2,736	1,097	36	864	16,416	6,583
7	168	3,192	1,280	37	888	16,872	6,766
8	192	3,648	1,463	38	912	17,328	6,950
9	216	4,104	1,645	39	936	17,784	7,132
10	240	4,560	1,828	40	960	18,240	7,315
11	264	5,016	2,011	41	984	18,696	7,498
12	288	5,472	2,194	42	1.008	19,152	7,680
13	312	5,928	2,377	43	1.032	19,608	7,863
14	336	6,384	2,560	44	1.056	20,064	8,046
15	360	6,840	2,745	45	1.080	20,520	8,229
16	384	7,296	2,926	46	1.104	20,976	8,412
17	408	7,752	3,108	47	1.128	21,432	8,595
18	432	8,208	3,291	48	1.152	21,888	8,778
19	456	8,654	3,474	49	1.176	22,344	8,961
20	480	9,120	3,656	50	1.200	22,800	9,144
21	504	9,576	3,840	51	1.224	23,256	9,326
22	528	10,032	4,023	52	1.248	23,712	9,508
23	552	10,488	4,206	53	1.272	24,168	9,692
24	576	10,944	4,389	54	1.296	24,624	9,875
25	600	11,400	4,572	55	1.320	25,080	10,058
26	624	11,856	4,754	56	1.344	25,536	10,241
27	648	12,312	4,937	57	1.368	25,992	10,424
28	672	12,768	5,120	58	1.392	26,448	10,587
29	696	13,224	5,303	59	1.416	26,904	10,789
30	720	13,680	5,486	60	1.440	27,360	10,972

MINUTES	METRAGE		MINUTES	METRAGE	
	35 mm	16 mm		35 mm	16 mm
1	27,36	10,97	31	848,16	340,13
2	54,72	21,94	32	875,52	351,10
3	82,08	32,92	33	902,88	362,07
4	109,44	43,90	34	930,24	373,05
5	136,80	54,86	35	957,60	384,02
6	164,16	65,84	36	984,96	395,00
7	191,52	76,81	37	1.012,32	405,97
8	218,88	87,78	38	1.039,68	416,94
9	246,24	98,75	39	1.067,04	427,91
10	273,60	109,72	40	1.094,40	438,88
11	300,96	110,69	41	1.121,76	449,85
12	338,32	131,66	42	1.149,12	460,82
13	355,68	142,64	43	1.176,48	471,79
14	383,04	153,61	44	1.203,84	482,77
15	410,40	164,58	45	1.231,20	493,74
16	437,76	175,55	46	1.258,56	504,71
17	465,12	186,52	47	1.285,92	515,68
18	492,48	197,50	48	1.313,28	526,66
19	519,84	208,47	49	1.340,64	537,63
20	547,20	219,44	50	1.368,00	548,60
21	574,56	230,41	51	1.395,36	559,57
22	601,92	241,38	52	1.422,72	560,54
23	629,28	252,36	53	1.450,08	581,51
24	656,64	263,33	54	1.477,44	592,49
25	684,00	274,30	55	1.504,80	603,46
26	711,36	285,27	56	1.532,16	614,43
27	738,72	296,24	57	1.559,52	625,40
28	766,08	307,22	58	1.586,88	636,38
29	793,44	318,19	59	1.614,24	647,35
30	820,80	329,16	60	1.641,60	658,32

Table de conversion 2 *Feet (pieds) en mètres*

Feet	Mètres	Feet	Mètres	Feet	Mètres	Feet	Mètres
1	0,305	33	10,058	65	19,811	97	29,565
2	0,610	34	10,363	66	20,116	98	29,869
3	0,914	35	10,668	67	20,421	99	30,174
4	1,219	36	10,973	68	20,726	100	30,479
5	1,524	37	11,278	69	21,030	200	60,959
6	1,829	38	11,582	70	21,335	300	91,437
7	2,134	39	11,887	71	21,640	400	121,917
8	2,438	40	12,192	72	21,945	500	152,396
9	2,743	41	12,497	73	22,249	600	182,875
10	3,048	42	12,802	74	22,554	700	213,254
11	3,353	43	13,106	75	22,859	800	243,834
12	3,657	44	13,411	76	23,164	900	274,313
13	3,962	45	13,716	77	23,469	1 000	304,794
14	4,267	46	14,021	78	23,774	2 000	609,584
15	4,572	47	14,326	79	24,078	3 000	914,376
16	4,877	48	14,630	80	24,383	4 000	1 219,168
17	5,182	49	14,935	81	24,688	5 000	1 523,960
18	5,486	50	15,240	82	24,993	6 000	1 828,752
19	5,791	51	15,544	83	25,298	7 000	2 133,544
20	6,096	52	15,849	84	25,602	8 000	2 438,336
21	6,401	53	16,154	85	25,907	9 000	2 743,128
22	6,705	54	16,459	86	26,212	10 000	3 047,920
23	7,010	55	16,763	87	26,517	15 000	4 571,880
24	7,315	56	17,068	88	26,822	20 000	6 095,836
25	7,620	57	17,373	89	27,126	25 000	7 619,796
26	7,925	58	17,678	90	27,431	30 000	9 143,760
27	8,229	59	17,983	91	27,736	35 000	10 667,720
28	8,534	60	18,287	92	28,041	40 000	12 191,680
29	8,839	61	18,592	93	28,346	45 000	13 715,640
30	9,144	62	18,897	94	28,650	50 000	15 239,600
31	9,449	63	19,202	95	28,955	55 000	16 763,560
32	9,753	64	19,507	96	29,260	60 000	18 287,520

BIBLIOGRAPHIE

Marie-Thérèse Cléris : *La Scripte*. Avec un chapitre sur le rôle de la scripte à la télévision par Michèle O'Glor. I.D.H.E.C. (1975, 4ᵉ édition).

Jessica Rowlands : *Script Continuity and the Production Secretary*, Focal Press Series Media Manuals (1977).

Pat P. Miller : *Script Supervising and Film Continuity*, Focal Press (1986).

Jean-André Renoux (adaptation française par) : *Instantanés de la vie d'une script-girl*, Proort Turnhout, Belgique (1969).

Laura Delli Colli : *Les Métiers du cinéma* ("La scripte est la mémoire du film" par Norma Giacchero), Liana Levi (1986).

Michel Pascal : *Profession cinéma*. Un chapitre sur la scripte par Florence Moncorgé-Gabin. Jean-Claude Lattès (1987).

Françoise Giroud : *Si je mens*, Stock (1972).

Jeanne Witta-Montrobert : *La Lanterne magique ou les Mémoires d'une scripte*, Calmann-Lévy (1980).

Simone Signoret : *Adieu Volodia*, Fayard (1985).

Hazel Wynn Jones : *Death and the Trumpets of Tuscany*, Collins Crime Club (1988).

C. Ryle Gibbs : *Dictionnaire technique du cinéma anglais-français-anglais* (1959).

Guitta Pessis Pasternak : *Dictionnaire de l'audiovisuel français-anglais*, Flammarion (1988).

Convention collective nationale de la Production cinématographique n° 3048 (1984), Journal officiel de la République française, 26, rue Desaix, 75727 Paris Cedex 15.

Voir également

Sylvette Baudrot : Script-girl avec Jacques Tati (in *Les Métiers du cinéma* de Laura Delli Colli), Alfred Hitchcock (*Cahiers du cinéma* nᵒˢ 123, 1954) et Alain Resnais (*L'Arc* n° 31, 1964).

Max Egly : Communication au colloque D.I.M.E.D. 1986 organisé par l'A.I.M.A.V. et l'I.P.E.D. en Algarve (Portugal) : "Réflexion sur les différents types de raccords à propos de *Mon Oncle d'Amérique* d'Alain Resnais".

ADRESSES UTILES

● Quelles sont les écoles qui délivrent un diplôme reconnu par l'État et donnent droit à la carte d'identité professionnelle ?

F.E.M.I.S. (Fondation européenne des métiers de l'image et du son - Institut des hautes études cinématographiques), 13, avenue du Président-Wilson, 75116 Paris.

École nationale Louis-Lumière, 8, rue Rollin, 75005 Paris.

● Où déposer son dossier en vue de l'obtention de sa carte professionnelle ?

C.N.C. (Centre national de la cinématographie), 12, rue de Lübeck, 75016 Paris.

● Où s'adresser pour connaître les salaires pratiqués, le calcul des heures supplémentaires, ses droits par rapport à la convention collective, les risques des films en participation, etc. ?

S.N.T.P.C.T. (Syndicat national des techniciens de la production cinéma et télévision), 10, rue de Trétaigne, 75018 Paris.

Fédération des travailleurs de l'information, du livre, de l'audiovisuel et de la culture C.F.D.T., 43, rue du Faubourg Montmartre, 75009 Paris.

Fédération Nationale des Syndicats du Spectacle de l'audiovisuel et de l'action culturelle C.G.T., 14-16, rue des Lilas, 75019 Paris.

● Où s'adresser lorsqu'on désire effectuer des stages de formation ou de perfectionnement, en langues étrangères par exemple, une fois entré dans la profession ?

A.F.D.A.S., 20, rue Fortuny, 75017 Paris.

● Où toucher les congés payés dus par les différents producteurs pour qui l'on a travaillé durant l'année écoulée ?

Congés spectacle, 7, rue du Helder, 75009 Paris.

• Où se passe le contrôle annuel de la médecine du travail ?

Centre médical de la Bourse, 26, rue N.-D.-des-Victoires, 75002 Paris.

• Où faire faire un bilan complet de santé ?

Dispensaire du spectacle, 21 bis, rue Victor-Massé, 75009 Paris.

• Où s'inscrire en cas de chômage ?

A.N.P.E., 50, rue de Malte, 75011 Paris.

• Où toucher les allocations chômage (après avoir travaillé 1 200 heures avant la première inscription et 520 heures par la suite) ?

A.S.S.E.D.I.C. de Paris, antenne Cinéma-Spectacle, 31, rue Bergère, 75009 Paris.

• A quelle caisse de retraite cotise-t-on ?

C.A.P.R.I.C.A.S., 17, rue Henri-Rochefort, 75017 Paris.

• Où se procurer les cahiers de rapports pour le montage (auto-copiants) et les rapports production ?

R.A.D., 83, rue de Saussure ou 133, rue Cardinet, 75017 Paris.

Pour les rapports image, chaque laboratoire procure les siens :

Laboratoire Éclair, 8 à 16, avenue de Lattre-de-Tassigny, 93800 Épinay.

Laboratoire G.T.C.-C.T.M., 1, quai Gabriel-Péri, 94340 Joinville.

Laboratoire L.T.C., 19, rue Franay, 92210 Saint-Cloud.

Telcipro, 5, place du Général-Leclerc, 92300 Levallois-Perret.

On trouvera d'autres adresses de laboratoires dans l'*Annuaire du Cinéma*, Éditions Bellefaye, 1, avenue de l'Abbé-Roussel, 75016 Paris. On trouvera, dans ce même annuaire, mis à jour annuellement, les coordonnées des scriptes en activité.